Hartenstein/Billing/Schawel/Grein

Der Weg in die Unternehmensberatung

Hartenstein/Billing/Schawel/Grein

Der Weg in die Unternehmens- beratung

Consulting Case Studies
erfolgreich bearbeiten

GABLER

Die Deutsche Bibliothek – CIP-Einheitsaufnahme
Ein Titeldatensatz für diese Publikation ist bei
Der Deutschen Bibliothek erhältlich

1. Auflage 1999
2. Auflage Juli 2000
Nachdruck Januar 2001

Alle Rechte vorbehalten

© Betriebswirtschaftlicher Verlag Dr. Th. Gabler GmbH, Wiesbaden, 2001
Lektorat: Ulrike M. Vetter

Der Gabler Verlag ist ein Unternehmen der Fachverlagsgruppe BertelsmannSpringer.

www.gabler.de

Höchste inhaltliche und technische Qualität unserer Produkte ist unser Ziel. Bei der Produktion und Verbreitung unserer Bücher wollen wir die Umwelt schonen. Dieses Buch ist auf säurefreiem und chlorfrei gebleichtem Papier gedruckt. Die Einschweißfolie besteht aus Polyäthylen und damit aus organischen Grundstoffen, die weder bei der Herstellung noch bei der Verbrennung Schadstoffe freisetzen.

Die Wiedergabe von Gebrauchsnamen, Handelsnamen, Warenbezeichnungen usw. in diesem Werk berechtigt auch ohne besondere Kennzeichnung nicht zu der Annahme, dass solche Namen im Sinne der Warenzeichen- und Markenschutz-Gesetzgebung als frei zu betrachten wären und daher von jedermann benutzt werden dürften.

Umschlaggestaltung: Nina Faber de.sign, Wiesbaden
Druck und buchbinderische Verarbeitung: Wilhelm & Adam, Heusenstamm
Printed in Germany

ISBN 3-409-28869-4

Vorwort zur zweiten Auflage

Das rege Interesse an dem 1999 in erster Auflage erschienenen Buch „Der Weg in die Unternehmensberatung" erfordert nach nur einem Jahr eine Neuauflage. Die nun vorliegende zweite Auflage des Buches trägt der Resonanz der Leser Rechnung und wurde in relevanten Bereichen ergänzt und überarbeitet.

Die bewährte Gliederung des Buches (Die Beratungsbranche, Grundkonzepte, Analysewerkzeuge, Fallstudien-Grundtypen und weiterführende Aufgaben) wurde beibehalten.

Bedingt durch eine Vielzahl aktueller Entwicklungen in der Beratungsbranche wurde der diese Thematik betreffende Teil komplett überarbeitet. Die Darlegung der Grundkonzepte und Analysewerkzeuge wurde teilweise präzisiert, inhaltlichen Korrelationen wurde durch eine Zusammenlegung der betreffenden Themen Rechnung getragen. Als wertvolle Ergänzung zur ersten Auflage des Buches wird ein allgemeiner Gesamtanalyseplan, der die dargestellten Methoden integriert aufgreift, vorgestellt. Anhand dieser Vorgehensweise lassen sich die in Fallstudieninterviews abgefragten Hintergründe und betriebswirtschaftlichen und logischen Zusammenhänge analytisch betrachten, wobei hier wiederum nur Anhaltspunkte zur Fallstudienlösung unter Interviewbedingungen gegeben werden sollen.

Die Fallstudien-Grundtypen und weiterführenden Aufgaben wurden auf ihre Anschaulichkeit hin überprüft und, wo notwendig, optimiert.

Dank gebührt auch bei dieser Auflage einer Vielzahl von Menschen, ohne die dieses Buch nicht oder nicht in dieser Form zu Stande gekommen wäre. An erster Stelle gilt unser Dank unseren

Familien – den „Hauptleidtragenden" bei unseren vielfältigen Aktivitäten und Projekten – für deren rückhaltlose Unterstützung. Abschließend sei all jenen gedankt, die an uns geglaubt, in vielfältiger Weise unterstützt und somit unermesslich zu unserer Motivation beigetragen haben.

Saarbrücken, Juli 2000

Martin Hartenstein

Fabian Billing

Christian Schawel

Michael Grein

6

Inhaltsverzeichnis

Einleitung

Der Consulting-Markt boomt. Das Berufsfeld der Beratung ist in aller Munde. Nicht von ungefähr belegen renommierte Unternehmensberatungen bei der Beliebtheit hinsichtlich der Berufswahl von Hochschulabsolventen kontinuierlich vordere Plätze.[1] Bei Berichten über diesen Traumberuf fallen immer wieder Begriffe wie „Karrieresprungbrett", „Herausforderung", „nur die Besten" und nicht zuletzt auch „attraktive Verdienstmöglichkeiten". Auf diese Weise angelockt und durch das smarte, elitäre und teilweise mystifizierte Bild der Berater in der Öffentlichkeit wünschen sich immer mehr den Einstieg in die Beratungsbranche. Dies gilt für Hochschulabsolventen mit Blick auf attraktive erste Karriereschritte, für „Young Professionals" zur Beschleunigung ihres Aufstiegs, für gestandene Manager und für Studenten jeglicher Fachrichtungen mit Blick auf Praktika. Sie alle müssen die Herausforderung der von vielen gefürchteten Interviewrunden meistern.

Es gibt einige Bücher, die sich dem einen oder anderen Aspekt konventioneller Auswahlverfahren widmen; die Eigenheiten der Consulting-Branche wurden jedoch bisher stiefmütterlich behandelt. Diese Lücke schließt dieses Buch, indem es konkrete Instrumente und Tipps zur erfolgreichen Überwindung der Hürde „Fallstudieninterviews" vorstellt.

Im ersten Teil geben wir zunächst einen komprimierten Überblick über Struktur und Hauptakteure des Beratungsmarktes in Deutschland. Wir beginnen bei den Ursprüngen der Beratungsfirmen und spannen den Bogen bis zur explosionsartigen Expansion der Branche in den frühen 90er Jahren und dem momentan einsetzenden Verdrängungswettbewerb. Um diese Entwicklungen zu charakterisieren und mit Leben zu füllen, werden ausgewählte

Unternehmensberatungen porträtiert, ihre bisherige Entwicklung dargestellt und die jeweilige(n) Beratungsspezialität(en) aufgezeigt.

Nach diesem kurzen Überblick beschreibt der Hauptteil des Buches die Anforderungen, die Bewerber erfüllen müssen, um die Interviewrunden bei Unternehmensberatungen zu meistern. Im Zentrum steht dabei die Fallstudienbearbeitung, die oftmals selbst „High Potenzials" Schwierigkeiten bereitet. Um eine faire Chance zur erfolgreichen Case-Study-Bearbeitung zu haben, ist ein gewisses wirtschaftswissenschaftliches Basiswissen erforderlich. Dazu gehören verschiedene Konzepte, darunter Business Reengineering, ABC-Analyse, Entscheidungsbäume, SWOT-Analyse, Wertschöpfungskette und viele andere mehr. Das Basiswissen wird ausführlich erläutert und führt zu den Grundtypen von Fallstudien. Diese werden detailliert vorgestellt, zum einen mit Bezug auf ihre Struktur, vor allem aber mit Bezug auf die Instrumente zu ihrer Lösung. Am Ende stehen weiterführende Aufgaben, bei denen der Leser das vermittelte Wissen praktisch anwenden und üben kann.

1. Die Beratungsbranche

1.1 Der Überblick

Im ersten Kapitel dieses Buches wollen wir dem Leser einen ersten Eindruck vom hochdynamischen Beratungsmarkt in Deutschland vermitteln. Dieser Überblick beinhaltet sowohl die historischen Entwicklungen einzelner Beratungen und des Gesamtmarktes als auch die aktuellen Tendenzen und Ausprägungen in der Branche. Firmenkurzporträts charakterisieren renommierte und interessante Beratungsgesellschaften, wobei die Gemeinsamkeiten und Unterschiede im Selbstverständnis und im Beratungsansatz der einzelnen Consultants aufgezeigt werden.

1.2 Der Consulting-Markt

Die Idee, Unternehmen zu beraten, ist bereits Ende des letzten Jahrhunderts entstanden. Das erste Consulting-Unternehmen wurde durch Arthur D. Little 1886 in Cambridge, Massachussetts, gegründet.[2] Die ersten Beratungsunternehmen entstanden zumeist aus Organisationsabteilungen amerikanischer Großunternehmen, wie zum Beispiel General Electric oder Ford.

Die erste große Beratungswelle erfasste die USA in den 20er Jahren. Zu dieser Zeit entstanden dort viele Unternehmensberatungen, die nach dem Zweiten Weltkrieg ihre Aktivitäten auch nach Europa ausdehnten.

Mittlerweile gibt es weit über 350 Tätigkeitsfelder, in denen Unternehmensberatungen weltweit aktiv sind. Den Hauptanteil mit circa 30 Prozent hält dennoch nach wie vor die klassische Organisationsberatung,[3] die die Geschäftsführung bei der Entscheidungsfindung bezüglich der Richtung, in die sich das Unternehmen entwickeln soll, unterstützt.

Den zweiten großen Bereich stellt das Informationsmanagement im Betriebsablauf dar. Für diesen Bereich werden hauptsächlich DV-Spezialisten gesucht.[4]

In den letzten Jahren entwickelte sich der Markt dahingehend, dass Consultingfirmen die Unternehmensleitungen nicht mehr nur strategisch beraten, sondern vermehrt bei der Implementierung der Entscheidung begleiten sollen. Dadurch werden die Consultants immer mehr in den Arbeitsalltag ihrer Kunden eingebunden.

Zur Frage der Kompetenz ist mittlerweile die Personalknappheit als Auftragsgrund hinzugekommen. Für solche Unternehmen ist es günstiger, Consultants für einen überschaubaren Zeitraum zu engagieren als die eigenen Kapazitäten aufzustocken.

In den letzten Jahren erhöhte sich die Inanspruchnahme von Beratungsdienstleistungen auch bei mittelständischen und kleinen Firmen. Die Berührungsängste dieser Unternehmen gehen langsam verloren, da viele Berater mittlerweile auch erfolgsabhängige Vergütungsmodelle anbieten und so das Risiko der in der Regel hohen Vergütungskosten erheblich sinkt. Früher konnte beziehungsweise wollte ein kleines Unternehmen das Risiko Beratung wegen der hohen Tageshonorare nicht eingehen, da das Ergebnis und somit auch das Kosten-Nutzen-Verhältnis ungewiss waren.

Heute bieten Beratungsunternehmen für die gesamte Spannbreite vom Kleinbetrieb über die öffentliche Hand bis hin zu den weltweit agierenden Konzernen ein an jeden Kunden angepasstes Beratungskonzept an – mit Sicherheit einer der Gründe, weshalb die Beratungsbranche seit Jahren mit fast immer zweistelligen

Zuwachsraten boomt. Von 1990 bis heute hat sich der Gesamtumsatz der Beratungsunternehmen nahezu verdoppelt.[5]

Da eine Änderung dieser Umstände nicht abzusehen ist, stehen viele Consultingfirmen vor dem Problem, eine große Anzahl von Nachwuchskräften einstellen zu müssen, um die Nachfrage des Marktes abdecken zu können. Eben diese Tatsache ist die wohl größte Sorge der Beratungsunternehmen. Wie bekommen sie ausreichend qualifizierten Nachwuchs, der den hohen Qualitätsstandard der Beratungsbranche auch in Zukunft aufrechterhält?

Da die Beratungsbranche durch ein außerordentlich gutes Image geprägt ist, wollen die Unternehmen nur die Besten eines jeden Jahrgangs in ihre Reihen aufnehmen, um diesen Standard zu wahren. Eine möglichst zuverlässige Auswahl aus der großen Bewerberzahl wird durch von Personalabteilungen entwickelte ausgefeilte Systeme, anhand derer die Kandidaten unter praxisnahen Bedingungen getestet werden können, gewährleistet.

Der Beruf des Beraters ist ein sowohl physisch als auch psychisch extrem herausfordernder Beruf. Deshalb werden die Bewerber schon in den Aufnahmetests unter großen Druck gesetzt, so dass ihr Verhalten bei starker Belastung erkennbar wird.

Wer sich dennoch für die Laufbahn des Beraters entscheidet, findet im Beratungsmarkt eines der härtesten, aber auch aufregendsten Tätigkeitsfelder, das man sich als Berufsanfänger vorstellen kann. Die Konkurrenz ist hoch qualifiziert und äußerst motiviert. Die Projektdauer von in der Regel einigen Monaten ermöglicht in relativ kurzer Zeit Einblicke in Unternehmen der unterschiedlichsten Fachrichtungen. Man arbeitet in kleinen Teams direkt beim Kunden. Bei fast jedem großen Beratungsunternehmen werden die Teams für jedes Projekt neu formiert, das heißt, man arbeitet nicht nur bei einem neuen Unternehmen, sondern hat auch immer wieder wechselnde Mitarbeiter aus den unterschiedlichsten Fakultäten im Team. Der Vorteil dieser Arbeitsweise besteht darin, aus den Erfahrungen der anderen Berater zu lernen und sich so in

relativ kurzer Zeit ein breites Spektrum an Wissen anzueignen.
Außerdem wird hierdurch die Persönlichkeit geschult, da man sich
immer wieder innerhalb kürzester Zeit auf neue Mitarbeiter
einstellen muss, um produktiv mit ihnen zusammenzuarbeiten.
Teamfähigkeit ist deshalb eine der wichtigsten Voraussetzungen,
die ein zukünftiger Berater mitzubringen hat.

1.3 Interessante Consulting-Firmen: Profile

Im Folgenden Kapitel werden renommierte und interessante
Beratungsunternehmen in Kurzform vorgestellt. Die Aufzählung
erhebt keinen Anspruch auf Vollständigkeit: zum einen sollen die
alteingesessenen klassischen Beratungsfirmen vorgestellt werden,
zum anderen wird das Augenmerk auf junge beziehungsweise kleinere Unternehmen gerichtet, die rasch expandieren und somit besondere Beachtung verdienen.

Arthur Andersen

Partner
für den
Aufbruch
zu neuen
Ufern

Wer seine Lage klären, seinen Standort bestimmen, auf die Suche nach neuen Märkten und Möglichkeiten gehen will, braucht dafür qualifizierte, erfolgsorientierte Partner.

Solch ein Partner ist Arthur Andersen. Weltweit und in Deutschland eine führende Adresse in den Bereichen Prüfung & Risikomanagement, Steuern & Recht, Corporate Finance & Real Estate und Management Beratung. Und im bereichsübergreifenden Einsatz dieser Kompetenzzentren.

Der Weg zur Erfolgspartnerschaft

Sind Sie bereit zur Erfolgspartnerschaft – mit unseren Mandanten, mit Ihren Team-Kollegen bei Arthur Andersen? Dann möchten wir Sie gerne näher kennenlernen.

ARTHUR ANDERSEN
Human Resource Group
z. H. Frau Barbara Beil
Mergenthalerallee 10 – 12
65760 Eschborn/Frankfurt/M.
Telefon: (0 61 96) 996-374

Berlin · Dresden · Düsseldorf
Eschborn/Frankfurt/M. · Hamburg
Hannover · Köln · Leipzig
München · Stuttgart

Informationen im Internet:
http://www.arthurandersen.de

...where people make the difference

Join us and see your career take flight.

An eine Idee glauben und sie umsetzen ist oft der Schlüssel zum Erfolg. Eine Karriere bei Andersen Consulting, einem der führenden Beratungsunternehmen für Management und Technologie, bietet Ihnen die Gelegenheit, Ihr Potential und Ihre kreativen Talente zu entfalten. Gemeinsam mit dem Kunden entwickeln wir die Unternehmensstrategie und bringen sie unter Einbeziehung der Mitarbeiter mit der Technologie und den Prozessen in Einklang. In gemeinsamen Teams mit den Kunden erarbeiten wir deutliche Leistungssteigerungen für das gesamte Unternehmen. So unterstützen wir unsere Kunden auf dem Weg zu ihrem Erfolg – und bieten Hochschulabsolventen ausgezeichnete Karrierechancen.

Kontaktieren Sie uns jetzt!

Andersen Consulting
Recruiting Department
Otto-Volger-Straße 15
65843 Sulzbach/Taunus

E-Mail:
recruiting.germany@ac.com
www.ac.com/careers/germany

**Andersen Consulting
Recruiting-Informationen:
0 08 00–AC DIRECT
   223 473 28**

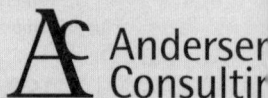

Andersen Consulting

Arthur Andersen, Sohn norwegischer Einwanderer, gründete die Gesellschaft zusammen mit einem Kollegen 1913 in Chicago.

Andersen Consulting ist eines der weltweit führenden Unternehmen im Bereich der Management- und Technologie-Beratung. Die Consulting-Gesellschaft bietet ein umfassendes Paket von Dienstleistungen an, angefangen bei Strategic Services über Change Management, Process Reengineering und Technology bis hin zu System-integration und Process Management. Andersen Consulting ist eine rechtlich selbstständige Unternehmung in Deutschland, die genauso wie die Arthur Andersen Wirtschafts- und Steuerberatungsgesellschaft zum internationalen Netzwerk der Andersen Worldwide gehört.

In knapp 50 Ländern beschäftigt Andersen Consulting mehr als 65 000 Mitarbeiter mit einem Umsatz von 8,3 Milliarden US-Dollar im Jahr 1998. Dies bedeutet gegenüber dem Vorjahr eine Zunahme um 25 Prozent und in den letzten 5 Jahren eine Steigerungsrate von konstant mehr als 20 Prozent.[6]

Firmenanschrift:

Andersen Consulting Unternehmensberatung GmbH
Otto-Volger-Straße 15
65843 Sulzbach/Taunus
Internetadresse: http://www.ac.com

Arthur Andersen

Arthur Andersen ist eines der weltweit führenden Beratungs- und Prüfungsunternehmen. Arthur Andersen, Sohn norwegischer Einwanderer, gründete 1913 zusammen mit einem Kollegen in Chicago seine Gesellschaft.

Den nationalen als auch internationalen Mandanten des Unternehmens wird in den folgenden Service-Bereichen Unterstützung geboten: Prüfung und Risikomanagement, Steuer- und Rechtsberatung, Management-Beratung, Corporate Finance und Real Estate Consulting.

Weltweit hat das Unternehmen mehr als 77 000 Mitarbeiter, davon sind derzeit 2 800 in Deutschland beschäftigt. Heute gehört die Gesellschaft mit über 380 Büros in 84 Ländern der Erde zu den großen internationalen Beratungs- und Prüfungsunternehmen.

Firmenanschrift:

Arthur Andersen
Mergenthalerallee 10-12
65760 Eschborn/Frankfurt am Main
Internetadresse: http://www.arthurandersen.de

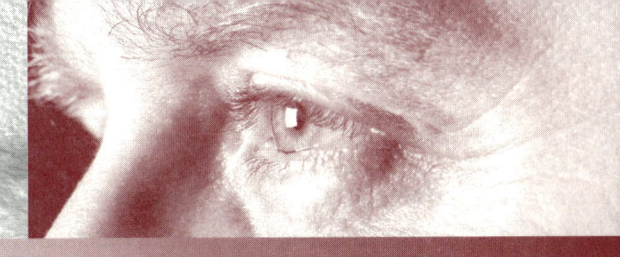

Arthur D. Little

Die Gründung der Unternehmensberatung erfolgte durch Arthur Dehon Little bereits im Jahre 1886, und zwar in Cambridge, Massachussetts. Somit wurde dieses Beratungsunternehmen zu einem Pionier der Branche.

ADL hat seine Beratungsschwerpunkte hauptsächlich in den Bereichen strategisches Management, Organisation, Technologie-, Innovations-, Informations-, Produktions-, Vertriebs- und Logistikmanagement sowie im Umweltschutz und Corporate Finance. ADL bedient hauptsächlich die Branchen der Automobilindustrie und deren Zulieferer. Allerdings gehören auch die Industriezweige Ener-gie, Telekommunikation, Konsumgüter, Maschinenbau und Elek-tronik sowie Banken und Versicherungen zum Kundenstamm von ADL. In jüngerer Zeit werden zudem vermehrt Klienten aus den Bereichen Marketing und Vertrieb sowie aus den Bereichen der öffentlichen Wirtschaft und der Dienstleistung beraten.[7]

Weltweit arbeiten ungefähr 3 000 Mitarbeiter in mehr als 30 Ländern für ADL, in Deutschland sind es über 450 Mitarbeiter, die einen Jahresumsatz von mehr als 180 Millionen DM erzielen.[8]

Firmenanschrift:

Arthur D. Little International, Inc.
Gustav-Stresemann-Ring 1
65189 Wiesbaden
Internetadresse: http://www.arthurdlittle.com

A.T. Kearney

Die 1926 in Chicago gegründete und seit 1964 in Deutschland tätige Consulting-Gesellschaft ist wegen ihrer langjährigen Beratertätigkeit eines der erfahrensten international agierenden Unternehmen. Das von A.T. Kearney angebotene Leistungspaket zielt darauf ab, für die Klienten eindeutige Wettbewerbsvorteile zu erzielen und diese nachhaltig abzusichern.

A.T. Kearney zählt als weltweit agierendes Beratungsunternehmen zu den führenden High-Value-Adding-Consultants. Das Unternehmen bietet strategische, operative und informationstechnologische Beratung an. Die Stärken liegen in der einmaligen Kombination dieser drei Kompetenzfelder sowie in der Verknüpfung von Analyse, Konzeption und Implementierungs-Expertise.

Die Zusammensetzung der Mitarbeiter ist ebenfalls sehr heterogen. 40 Prozent der Mitarbeiter sind Wirtschaftswissenschaftler, knapp 20 Prozent sind Wirtschaftsingenieure, 17 Prozent kommen aus dem Ingenieurwesen, 10 Prozent aus dem Informatikbereich und der Rest aus den unterschiedlichsten Fachrichtungen, wie zum Beispiel Biologie, Mathematik, Physik et cetera.

Weltweit unterhält A.T. Kearney 69 Büros in 35 Ländern und arbeitet global mit circa 3 000 Beratern, wovon mehr als 300 in Deutschland tätig sind. Im Jahr 1998 betrug der Honorarumsatz weltweit ungefähr 1,3 Milliarden US-Dollar. Dies bedeutet ein Wachstum von durchschnittlich 30 Prozent pro Jahr von 1986 bis heute.[9]

Firmenanschrift:

A. T. Kearney GmbH
Jan-Wellem-Platz 3
40212 Düsseldorf
Internetadresse: http://www.atkearney.com

Bain & Company

Bain & Company wurde 1973 in Boston gegründet und ist seit 1982 auch in Deutschland mit Sitz in München vertreten. Das Unternehmen ist eine der weltweit führenden Strategieberatungsgesellschaften, deren Klientel sich aus allen wichtigen Industrie- und Dienstleistungszweigen zusammensetzt. Bain & Company hat als erstes Beratungsunternehmen die Erarbeitung umsetzbarer Strategien in den Mittelpunkt gestellt und damit Pionierarbeit geleistet. Bain geht mit seinen Klienten eine Schicksalsgemeinschaft ein, indem Beratungsleistungen zu einem erheblichen Teil auf Erfolgshonorarbasis angeboten werden.

Als unternehmerische Beratung ist Bain auch stark im Private Equity Consulting, der strategischen Beratung bei Akquisitionen und Buy-outs sowie im Vorfeld von Börsengängen engagiert. So ist Bain & Company bei jedem zweiten europäischen Buy-out-Deal involviert. Ende 1999 hat Bain seine Venture-Aktivitäten, insbesondere im Umfeld von Start-up-Unternehmen im Internet- und Biotech-Umfeld, unter dem weltweit einheitlichen Namen bainlab zusammengefasst.

Weltweit gibt es zurzeit 26 Büros in 18 Ländern mit mehr als 2 500 Mitarbeitern. Davon arbeiten etwa 200 Mitarbeiter in Deutschland.[10]

Firmenanschrift:

Bain & Company Germany, Inc.
Karlsplatz 1
80335 München
Internetadresse: http://www.bain.de

Baumgartner & Partner

1958 wurde Baumgartner & Partner als Personal- und Unternehmensberatung mit Stammsitz in Sindelfingen gegründet. Die Personalberatung vermittelt pro Jahr etwa 500 Arbeitsplätze.

In Deutschland hat das Unternehmen noch sechs weitere Standorte (Hamburg, Berlin, Leipzig, Düsseldorf, Frankfurt und München). Seit 1989 sind die Commerzbank und PricewaterhouseCoopers an der Gesellschaft beteiligt.[11]

Die Beratungs- und Unternehmenskultur ist von der Überzeugung geprägt, dass Effizienz, Kommunikationsfähigkeit und soziale Kompetenz die entscheidenden Management-Erfolgsfaktoren sind. Die Beratungsschwerpunkte sind breit gefächert. Sie reichen von Strategieberatung über Marketing und Vertrieb bis hin zu Controlling und Informationstechnologie. Aber auch Maßnahmen zu Effizienzsteigerung sowie die Beratung bei Mergers & Acquisitions oder die Veränderungen, die der EURO mit sich bringt, werden von Baumgartner & Partner beachtet und bearbeitet. Die Branchenschwerpunkte liegen mit jeweils circa 40 Prozent bei den Investitions- und den Konsumgütern. Die restlichen 20 Prozent liegen bei den verschiedensten Branchen wie Banken, Verlage, Handel, Energie et cetera.[12]

Das Beratungsunternehmen erzielte 1998 in Deutschland einen Umsatz von 59 Millionen DM bei einer Mitarbeiterzahl von 145, von denen 60 Berater waren.

Firmenanschrift:

Baumgartner & Partner GmbH
Kolumbusstraße 2
71045 Sindelfingen
Internetadresse: http://www.baumgartner.de

Booz Allen & Hamilton

Die Unternehmensgründung der Management- und Technologieberatung geht auf das Jahr 1914 zurück. Ziel von Booz Allen & Hamilton ist es, den Klienten bei all ihren Aktivitäten in einer Form zu unterstützen, dass das jeweilige Unternehmen gesund wächst und die Rentabilität bei gleichzeitiger technologischer Führerschaft des Unternehmens steigt.

Die vielfältige Erfahrung von Booz Allen & Hamilton erstreckt sich auf die Bereiche Technologiemanagement, strategisches Management und Organisationsentwicklung innerhalb der verschiedensten Branchen. Die Beratungstätigkeit beschränkt sich nicht nur auf die Entwicklung von Konzepten, sondern umfasst auch deren Implementation. Für komplexe technologische Problemfelder steht ein Technologiezentrum mit über 1 000 Mitarbeitern in den USA zur Verfügung, das von allen Beratern rund um den Globus jederzeit zur Unterstützung kontaktiert werden kann.[13]

Die Gesellschaft ist mit rund 8 800 Mitarbeitern, von denen etwa 6 300 Berater sind, in über 50 Ländern vertreten. Weltweit konnte das Unternehmen 1998 einen Umsatz von 2,7 Milliarden DM erwirtschaften.[14]

Firmenanschrift:

Booz Allen & Hamilton GmbH
Königsallee 106
40215 Düsseldorf
Internetadresse: http://www.bah.com

CSC Ploenzke

Die 1959 in den USA gegründete Gesellschaft ist global eines der größten Beratungs-, Software- und Dienstleistungsunternehmen. Zielgruppe von CSC Ploenzke sind Großkonzerne bis hin zu Mittelständlern mit dreistelligem Millionenumsatz.

Das angebotene Dienstleistungsspektrum richtet sich nach den Bedürfnissen der Klienten aus Industrie, Handel, öffentlichen und privaten Dienstleistern sowie Banken und Versicherungen. Die Beratung umfasst die Bereiche Strategy Consulting (Analyse von Geschäftsabläufen), Business Reengineering (Neustrukturierung von Geschäftsprozessen), Systemberatung und -integration (Entwicklung von Anwendungen sowie die Integration von Hard- und Softwarekomponenten), Einführungsservices sowie Service Management (Outsourcing durch Übernahme der Informationssysteme von Kunden).[15]

Das weltweit agierende Unternehmen verfügt über etwa 50 000 Mitarbeiter an 700 Standorten und erwirtschaftete 1998 einen Jahresumsatz von 7,4 Milliarden US-Dollar. Die CSC Ploenzke AG, ein Tochterunternehmen des CSC-Konzerns (Computer Sciences Corporation), ist in Deutschland mit 3 600 festangestellten Mitarbeitern aktiv.[16]

Firmenanschrift:

CSC Ploenzke AG
Am Hahnwald 1
65399 Kiedrich/Rhg.
Internetadresse: http://www.cscploenzke.de

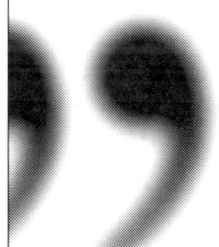

Gemeinsam mit unseren Klienten konzipieren und implementieren wir leistungsfähige Informationssysteme, restrukturieren Prozesse und steigern die Effizienz in Führung und Ausführung. Organisationsentwicklung ist unser gemeinsames Ziel. Zu unseren Klienten zählen einige der bedeutendsten Unternehmen Deutschlands. Als Spin-off der Wissenschaftlichen Hochschule für Unternehmensführung (WHU) in Koblenz arbeiten wir mit höchsten Ansprüchen an die wissenschaftliche Fundierung und an die praktische Umsetzung klientenspezifischer Lösungen.

Sie haben ein wirtschafts- oder ingenieurwissenschaftliches Studium mit hervorragendem Ergebnis absolviert. Vielleicht haben Sie es durch ein zweites Studium, eine Promotion oder einen MBA ergänzt. Während oder nach Ihrer akademischen Ausbildung haben Sie Ihre persönliche Leistungsfähigkeit in der Praxis unter Beweis stellen können. Herausragende analytische Fähigkeiten, hohe Einsatzbereitschaft, Flexibilität und ausgeprägte Teamfähigkeit zeichnen Sie aus.

Wenn Sie gerne an dem weiteren Ausbau eines zielorientierten Unternehmens mitwirken wollen, das Kompetenz, schöpferische Arbeit, partnerschaftliches Verhalten und den Willen zum Erfolg aller als seine Werte erachtet, möchten wir Sie kennenlernen.

Haben wir Ihr Interesse geweckt? Dann setzen Sie sich mit uns in Verbindung!

GROW WITH US!

CTcon - Consulting & Training im Controlling GmbH, Düsseldorf und Vallendar bei Koblenz, www.ctcon.de.
Ansprechpartner: Thomas Erfort, Weitersburger Weg 10, 56179 Vallendar, Tel. (0261) 96 274 - 62.

CTcon

CTcon – Consulting & Training im Controlling – ist ein Beratungs- und Schulungsunternehmen, das 1992 als Spin-off der Wissenschaftlichen Hochschule für Unternehmensführung (WHU) in Vallendar bei Koblenz gegründet wurde. Heute sind circa 45 Mitarbeiter in Bonn, Düsseldorf und Vallendar überwiegend in der Unternehmensberatung tätig. In der Managementschulung werden die Produktmanager durch circa 80 themenspezifisch eingesetzte Trainer aus Praxis und Wissenschaft unterstützt.

Zur Klientel zählen einige der größten und bedeutendsten Unternehmen Deutschlands sowie große Organisationen der öffentlichen Hand, die bei der Gestaltung einer markt- und ergebnisorientierten Unternehmensführung unterstützt werden.

Die Beratungsteams restrukturieren Prozesse, konzipieren leistungsfähige Informationsinstrumente und steigern die Effizienz in Führung und Ausführung.

In der Managementschulung werden maßgeschneiderte Bildungsprogramme für die spezifischen Belange der Führungskräfte der Klienten entwickelt.

Firmenanschrift:

CTcon – Consulting & Training im Controlling GmbH
Weitersburger Weg 10
56179 Vallendar bei Koblenz
Internetadresse: http://www.ctcon.de

Droege & Company

Das Beratungsunternehmen Droege & Company ist eine unabhängige und partnerschaftlich organisierte Berater-Gruppe, die als Aktiengesellschaft firmiert.

Die Beratungsleistung wird in allen Schlüsselbranchen (Industrie, Handel und Finanzdienstleistung) angeboten, mit dem Ziel, dem Kundenunternehmen einen hohen Nutzen, Wachstum und Wertsteigerung zu bringen.

Schwerpunkte der ganzheitlichen Beratungstätigkeit liegen in den Bereichen Strategie, Markt/Sales, Effizienzverbesserung und Restrukturierung. Mit ein Grund für die konstant positive Entwicklung bei Droege & Company ist die seit Jahren zunehmende Nachfrage nach Unterstützung bei der Umsetzung der Beratungsleistung.

Das Beratungsunternehmen zählt mit 270 Mitarbeitern und einem Honorarvolumen von circa 145 Millionen DM pro Jahr zum „relevant set" innerhalb der klassischen Top-Management-Beratungen.

Firmenanschrift:

Droege & Company AG
Poststraße 5-6
40213 Düsseldorf
Internetadresse: http://www.droege.de

DROEGE & COMP. AG
BERATUNG IST UMSETZUNG
„to boldly go ..."

Wir sind eine unabhängige und partnerschaftlich organisierte Berater-Gruppe mit einem unternehmerischen und umsetzungsorientierten Konzept. Droege & Comp. gehört zu den Wegbereitern der umsetzungsorientierten Beratung in Deutschland und zählt mit ca. 270 Mitarbeitern und ca. 140 Mio. DM Honorarvolumen aus Sicht der Entscheider zum „relevant set" in der klassischen Unternehmensberatung.

Nach unserer Erfahrung liegt die Kunst der Beratung darin, die Einheit zwischen Konzept und Umsetzung herzustellen; unser Leitmotiv „Beratung ist Umsetzung" bringt dieses Vorgehen auf den Punkt.

Schwerpunkte unserer ganzheitlichen Beratungstätigkeit liegen in den Bereichen Strategieentwicklung, Corporate Fitness – Effizienzverbesserung, Unternehmensorganisation, Restrukturierung / Sanierung, Mergers and Acquisitions sowie Informationstechnologie/e-commerce. Zum Auftakt des neuen Jahrzehnts verfolgen wir weiter konsequent einen dynamischen Wachstumskurs mit einer zukunftsweisenden AG-Struktur und einer schlüssigen Internationalisierungsstrategie.

Unser Umsetzungsgedanke basiert auf einer flexiblen, unternehmerischen Projektgestaltung und erstreckt sich über
den gesamten Beratungsprozeß. Zur Realisierung eines hohen Kundennutzens sind wir seit Gründung branchenorientiert organisiert.

Zur Durchsetzung dieses Gedankens ist ein umsetzungsorientierter Berater-Typ gefordert, der sich durch unkonventionelle, zuverlässige und verantwortungsvolle Arbeit sowie durch operative Nähe zum Geschäft und zum Kunden auszeichnet.

In diesem Sinne möchten wir unser Team um hochqualifizierte

Top-Management-Berater

verstärken, die entsprechend ihrer Qualifikation als Berater oder Teamleiter beginnen. Insbesondere wollen wir die Bereiche

- **Strategie**
- **Marketing/Verkauf**
- **Organisation/ Geschäftsprozeßoptimierung**
- **Produktion/Technik**
- **Informationstechnologie/ e-commerce**
- **Finanzmanagement**
- **Controlling**

*an den Bürostandorten in **Düsseldorf** und **München** ausbauen.*

Die geeigneten Kandidaten haben ein wirtschaftswissenschaftliches, ingenieurtechni-
sches, sozial- oder naturwissenschaftliches Hochschulstudium an einer renommierten Universität mit Prädikatsexamen abgeschlossen und gemäß nachfolgender Priorität durch Promotion, MBA oder Doppel-/ Zweitstudium ergänzt.

Wir stellen Mitarbeiter nicht nach aktuellem Projektbedarf ein, sondern suchen permanent „High Potentials", die zu unserem Beratungsansatz passen.

Sehr gute analytische Fähigkeiten, Dynamik, Kommunikationstalent, Einsatzbereitschaft, hohe soziale Kompetenz, ausgeprägte Teamfähigkeit, verhandlungssicheres Englisch, gute Kenntnisse einer zweiten Fremdsprache sowie sichere PC-Beherrschung setzen wir voraus.

Sie werden im Rahmen unserer Beratungsarbeit interessante Aufgaben für das Top-Management namhafter Unternehmen lösen und können von erprobten Methoden strategischer und operativer Führung profitieren.

Wir freuen uns auf Ihre Bewerbung. Bitte senden Sie Ihre Unterlagen an:

Frau Sylvia Proft
Poststraße 5-6
40213 Düsseldorf
oder www.droege.de
Ref. Nr. 00.10

DROEGE & COMP. AG

INTERNATIONALE UNTERNEHMER-BERATUNG (BDU)

DÜSSELDORF   MÜNCHEN   MOSKAU   NEW YORK   ATLANTA   SYDNEY   SINGAPUR   PEKING

Ernst & Young

Ernst & Young ist eine deutsche Wirtschaftsprüfungs-, Steuer- und Unternehmensberatungsgesellschaft, die bereits 1919 gegründet wurde und heute der Ernst & Young International-Gruppe angehört. Der Bereich Ernst & Young Consulting hat sich mit Cap Gemini und Gemini Consulting zusammengeschlossen. Durch diesen Merger entstand eines der weltweit größten Unternehmen im Bereich der Management- und IT-Beratungsleistungen.

Die Mandantschaft setzt sich aus großen, international agierenden Konzernen bis hin zu kleinen und mittelständischen Unternehmen jeglicher Rechtsform zusammen. Das Beratungsgebiet deckt alle betriebswirtschaftlichen Gesichtspunkte von der Strategieberatung über Geschäftsprozessoptimierung, Supply Chain Management, Change Management, Systemintegration, bis hin zum Qualitätsmanagement ab. Unter dem Schlagwort „Fusion" versteht Ernst & Young den Erfolgsfaktor aller Beratungsprojekte; mit dem Instrumentarium zur ganzheitlichen Gestaltung von Organisationen, Prozessen und Systemen identifiziert das Unternehmen sich als Umsetzungsberater. Dies erfolgt nach dem Prinzip „Think – Build – Operate", was soviel bedeutet wie Projektbetreuung von der Konzeption bis hin zur Realisierung.

In Deutschland sind rund 3 750 Mitarbeiter in knapp 30 Niederlassungen angestellt, die einen Umsatz von mehr als 800 Millionen DM erwirtschaften. Weltweit arbeiten 80 000 Mitarbeiter in mehr als 130 Ländern für Ernst & Young International und erzielen für das Netzwerk einen Umsatz von über 9 Milliarden US-Dollar.[17]

Firmenanschrift:

Ernst & Young Unternehmensberatung GmbH
Mittlerer Pfad 15
70499 Stuttgart
Internetadresse: http://www.sey.de

Gemini Consulting

Weltweit ist die Gemini Consulting GmbH eines der führenden Top-Management-Beratungsunternehmen. Das Unternehmen ist in zwei Bereiche aufgeteilt. Zum einen gibt es die klassische Unternehmensberatung, welche für Fachgebiete wie zum Beispiel Strategie, Organisation, Informationsmanagement, Personalberatung et cetera zuständig ist. Zum anderen existiert der Service-Bereich, mit dem Fokus Marketing, Promotion und Merchandising. Die Gesellschaft hat mit Ernst & Young und Cap Gemini fusioniert und ist somit in diesem Verbund eines der größten Unternehmen im Bereich der Management- und IT-Beratung.

Das Unternehmen selbst hat sich den Beratungsansatz „Business Transformation" auf die Fahnen geschrieben. Darunter sind vier Ansatzpunkte für einen erfolgreichen Strukturwandel zu verstehen: Einstellungsveränderung der Mitarbeiter, Restrukturierung der Geschäftsprozesse, Organisationserneuerung und Revitalisierung der Marktbeziehungen.

Weltweit sind rund 2 300 Mitarbeiter, davon etwa 1 900 Berater, von Gemini in über 30 Büros auf 5 Kontinenten angestellt. Der Gesamtumsatz belief sich 1998 auf über 1,5 Milliarden DM. In Deutschland waren 1998 über 430 Consultants beschäftigt, die einen Umsatz von etwa 320 Millionen DM erzielten.[18]

Firmenanschrift:

Gemini Consulting GmbH
Du Pont-Straße 4
61352 Bad Homburg v. d. H.
Internetadresse: http://www.gemcon.de

IDS Prof. Scheer

Das Beratungs- und Softwarehaus ist aus dem Institut für Wirtschaftsinformatik an der Universität des Saarlandes hervorgegangen.

Die Beratungskompetenz liegt vor allem im betriebswirtschaftlichen, logistischen und organisatorischen Bereich in Verbindung mit den neuesten Ansätzen der Informations- und Kommunikations-Technologien. So werden zum Beispiel im betriebswirtschaftlichen Bereich die strategische Planung, das Business Process Engineering und das Total Quality Management, im IT-Bereich vor allem die Einführung von Standardsoftware sowie die Anwendungsentwicklung angeboten. Internetberatung und Schulungsangebote runden das Leistungsangebot ab. Seit Juni 1997 ist die SAP AG mit 25,2 Prozent an der IDS Prof. Scheer GmbH beteiligt.[19]

Im Geschäftsjahr 1995 waren bei der IDS etwa 400 Mitarbeiter beschäftigt. Die Mitarbeiterzahl wurde 1998 auf 650 erhöht und betrug 1999 deutlich über 800 Berater, für 2000 wird eine weiterhin steigende Tendenz erwartet. Der Konzernumsatz 1999 betrug 170 Millionen DM und lag damit um 34 Prozent über dem Vorjahreswert.[20]

Firmenanschrift:

IDS Prof. Scheer GmbH
Altenkesseler Straße 17
66115 Saarbrücken
Internetadresse: http://www.ids-scheer.de

Kienbaum Consultants International

Die Gründung des Unternehmens erfolgte im Jahre 1945 durch Gerhard Kienbaum. Heute wird das Unternehmen von Jochen Kienbaum und dreißig Partnern geleitet.

Die ersten Beratungen wurden in den Bereichen Managementweiterbildung, Fertigung, Rechnungswesen, Organisation und Führungskräfterekruiting durchgeführt. Im Laufe der Zeit haben sich die Bereiche jedoch erheblich verändert. So arbeitet das Beratungsunternehmen seit einigen Jahren vor allem in den folgenden strategischen Geschäftsfeldern beziehungsweise Branchen:

Human Resource Management, Compensation, Communication and Media, Public Management, Industry, Financial Services, Health Care und Energy.

Das sehr dichte Niederlassungsnetz innerhalb Deutschlands verdeutlicht den Willen des Unternehmens nach extremer Kundennähe. Des Weiteren finden sich in allen wichtigen Regionen rund um den Globus Niederlassungen von Kienbaum Consultants International, die ein weltweites Netzwerk von Partnern bilden.

Der 1998 erzielte Umsatz betrug 140 Millionen DM und wurde von 374 Mitarbeitern erwirtschaftet, von denen 220 Berater waren.[21]

Firmenanschrift:

Kienbaum Consultants International GmbH
Ahlefelder Straße 47
51645 Gummersbach
Internetadresse: http://www.kienbaum.de

» Wenn man hoch hinaus will, muss man wissen, dass man sich auf seinen Partner verlassen kann.

Wir gehören zu den führenden Beratungsunternehmen in Deutschland und bieten Ihnen die Chance, innerhalb eines Teams hochqualifizierter Berater Verantwortung zu übernehmen und eigenständig Ideen zu entwickeln und umzusetzen. Der enge und intensive Kontakt mit dem Top-Management unserer Kunden setzt neben fachlicher ein hohes Maß an sozialer Kompetenz voraus.

Ihre Bewerbung richten Sie bitte an: Kienbaum Consultants International GmbH, Frau Claudia Schnur, Ahlefelder Straße 47, 51645 Gummersbach, Telefon +49 (22 61) 7 03-5 70. Oder benutzen Sie das Online-Bewerbungsformular auf unserer Homepage www.kienbaum.de

Human values for business

FELLOWSHIP

DAS PROGRAMM

Promotion, MBA oder Berufseinstieg? Wenn Sie sich diese Optionen offen halten möchten, dann haben wir von McKinsey jetzt eine gute Nachricht für Sie. Wir bieten Hochschulabsolventen aller Fakultäten mit hervorragendem Abschluss die Chance, Beruf und Weiterbildung zu kombinieren. Mit unserem Fellowship-Programm.

Das bedeutet: Als Fellow arbeiten Sie zwei Jahre als Berater in unserem Unternehmen. Anschließend stellen wir Sie für Ihre Promotion oder Ihren MBA frei. Und das bei vollem Gehalt für ein Jahr. So erreichen Sie mit unserer Unterstützung nicht nur Ihr Weiterbildungsziel, sondern finden gleichzeitig den Einstieg in die weltweit führende Topmanagement-Beratung.

Interessiert Sie unser Angebot? Dann senden Sie Ihre vollständigen Bewerbungsunterlagen an: McKinsey & Company, Inc., Königsallee 60c, 40027 Düsseldorf, Telefon 0211/136 40, Fax 0211/136 47 26.

McKinsey & Company, Inc.
www.mckinsey.de

KPMG Unternehmensberatung

Die Muttergesellschaft, KPMG Deutsche Treuhand-Gesellschaft, ist die älteste deutsche Wirtschaftsprüfungsgesellschaft, gegründet bereits 1890. Das deutsche Unternehmen ist Mitglied der mit über 800 Niederlassungen weltweit vertretenen Klynveld Peat Marwick Goerdeler (KPMG) Prüfungs- und Beratungsgesellschaft.

Die KPMG Unternehmensberatungsgesellschaft ist in sechs Bereiche unterteilt: Informationstechnologie, Standardsoftware, Unternehmensstrategie und Organisation, Unternehmenssteuerung, Banken und Finanzdienstleistungen sowie Versicherungen. Die Beratungsdienstleistung beim Klienten erstreckt sich von der Strategie- über die Struktur-, Organisations- sowie Controlling-Beratung bis zur Lösung komplexer Aufgabenstellungen im Bereich der Informationssysteme.[22]

Die Muttergesellschaft hat global über 70 000 Mitarbeiter und ist in mehr als 140 Ländern aktiv. Rund die Hälfte aller Mitarbeiter arbeitet im Europageschäft, welches in den letzten Jahren die höchsten Zuwachsraten zu verzeichnen hatte. Im Bereich der Unternehmensberatung sind weltweit über 5 000 Berater für KPMG im Einsatz, etwa 2 000 davon in Europa und davon wiederum etwa 600 in Deutschland.[23]

Firmenanschrift:

KPMG Unternehmensberatung GmbH
Olof-Palme-Straße 31
60439 Frankfurt/Main
Internetadresse: http://www.kpmg.com

McKinsey & Company

Das Beratungsunternehmen McKinsey & Company wurde 1926 in Chicago gegründet und gehört heute zu den weltweit bekanntesten Strategieberatungsunternehmen für das Top-Management. Seit der Gründung wuchs McKinsey bis heute konstant mit einer über dem Branchendurchschnitt liegenden Rate. Derzeit werden die McKinsey-Klienten von 79 Büros in 40 Ländern beraten.

In der Vergangenheit wurden die Gebiete Wachstum, Innovation und Unternehmensgründung zu wichtigen Themenfeldern ausgebaut. In den letzten Jahren kam als ein neuer Schwerpunktbereich noch die Informationstechnologie hinzu.

Zur Klientel von McKinsey gehören internationale Spitzenunternehmen, erfolgreiche Mittelständler aller Industrien und Branchen, Regierungen, Behörden, öffentliche Einrichtungen, private Institutionen sowie Vereine. Sie alle vertrauen auf die Erfahrung und das Engagement des Beratungsunternehmens.

Zum Selbstverständnis der Firma gehört der „Client-First"-Grundsatz, nach dem das Interesse des Klienten oberste Priorität genießt. Die Firmenphilosophie verlangt, dass ein Auftrag von den McKinsey-Beratern nur angenommen wird, wenn diese davon überzeugt sind, dem Klienten einen wesentlichen Beitrag zur Lösung seines Problems liefern zu können.[24]

Der Jahresumsatz des Beratungsunternehmens betrug im Jahr 1998 700 Millionen DM bei einer Mitarbeiterzahl von 1 300.[25]

Firmenanschrift:

McKinsey & Company, Inc.
Königsallee 60c
40212 Düsseldorf
Internetadresse: http://www.mckinsey.com

Mercer Management Consulting

Mercer Management Consulting (MMC) ist Teil der Mercer Consulting Group, einer der weltweit führenden, internationalen Top-Management-Beratungen mit über 60 Büros in 28 Ländern, 1,5 Milliarden US-Dollar Umsatz und mehr als 10 000 Mitarbeitern.

Die Branchenschwerpunkte von Mercer Management Consulting liegen in den Bereichen Communication/Information/Entertainment, Transportation, Manufactoring, Consumer Goods/Retail, Energy/Process und Financial Services/Real Estate.

Value Growth, die nachhaltige Steigerung des Unternehmenswertes, ist der Schwerpunkt der Arbeit von Mercer Management Consulting. Entscheidend hierfür sind die Ermittlung der attraktivsten Gewinnzonen im jeweiligen Industriesektor und ein wegweisend innovatives Business Design. Mercer kombiniert seine intellektuelle Führungsposition im Bereich des Value Growth zum Nutzen seiner namhaften Kunden mit fundierter Branchenerfahrung. Durch einen integrierten Change-Management-Prozess werden die erforderlichen Veränderungen in Organisation und Führung gemeinsam realisiert. Mercer steht dafür Wachstumspotenziale aufzuzeigen und konsequent zu nutzen, Wachstumsbarrieren zu erkennen und zu überwinden sowie Strategien, Führung, Organisation und Prozesse nachhaltig auf Wachstum auszurichten.[26]

Firmenanschrift:

Mercer Management Consulting GmbH
Stefan-George-Ring 2
81929 München
Internetadresse: http://www.mercer.com

Mummert + Partner Unternehmensberatung

Mummert + Partner wurde 1960 durch Dr. Olaf Mummert gegründet. Die Beratergruppe besteht aus mehreren Gesellschaften, die rechtlich selbstständig sind und dem Klienten ihr Wissen in einem ganzheitlichen Beratungspaket anbieten.

Spezialisiert ist Mummert + Partner auf die Bearbeitung von Management-, Organisations-, Strategie- und Informatikprojekten, wobei die Beratungsleistungen Analyse, Konzepterstellung und Implementierung angeboten werden. Zielgruppen von Mummert + Partner sind Versicherungs- und Telekommunikationsunternehmen, Kreditinstitute sowie öffentliche Auftraggeber.[27] Allein in Deutschland sind bei dem europaweit agierenden Unternehmen um die 1 000 Mitarbeiter beschäftigt.[28]

Firmenanschrift:

Mummert + Partner Unternehmensberatung GmbH
Hans-Henry-Jahnn-Weg 9
22085 Hamburg
Internetadresse: http://www.mummert.de

Der typische **Arbeitsplatz** eines **proLean-Beraters**

Wer ein Unternehmen erfolgreich reorganisieren will, muss wissen, wie es funktioniert – auch in der Praxis. Als Techniker, Ingenieure und Betriebswirte beraten wir unsere Kunden daher nicht aus sicherer Entfernung, sondern analysieren die Verbesserungspotentiale direkt vor Ort. Das Entwickeln zukunftsweisender Strategien und intelligenter Lösungen ist dabei die eine Aufgabe; die andere besteht darin, sie nachhaltig im Unternehmen zu implementieren. Denn gute Ideen sind nicht genug – wir sorgen dafür, dass sie auch umgesetzt werden.

proLean – Wir setzen um

Interesse? Als Stratege im Blaumann können Sie bei uns viel bewegen. Ihre Bewerbung ist der erste Schritt.

proLean Ingenieurgesellschaft mbH
Kalkumer Schloßallee 53, 40489 Düsseldorf
Tel. (0211) 42 27 66 – 0   www.prolean.net

PRO LEAN

HAFENARBEITER GESUCHT*

Idealbild des Hafenarbeiters
Mitte der 30er Jahre

Idealbild des Hafenarbeiters
Ende der 90er Jahre

Eigenschaften

energisch

zuverlässig

ausdauernd

mit Teamgeist

weltoffen

optimistisch

mutig

Eigenschaften

energisch

zuverlässig

ausdauernd

mit Teamgeist

weltoffen

optimistisch

mutig

*Wir suchen Berater für unser Büro in der inspirierenden Atmosphäre des Düsseldorfer Medienhafens.

OC&C Strategy Consultants

OC&C Strategy Consultants sucht Mitarbeiter. Mit exzellentem Diplom. Mit großen Zielen. Mit schöpferischem Potential. Mit Leidenschaft. Mit Charakter. Mit Mumm.

OC&C Strategy Consultants berät nur das Top-Management. Weltweit mit 300 Beratern. Flexibel und professionell in Strategie, Merger & Acquisition, Organisation.

OC&C Strategy Consultants GmbH   Neuer Zollhof 1   40221 Düsseldorf   Tel.: 0211. 86 07-0   www.occstrategy.com   contact@occstrategy.de

Düsseldorf • Hamburg • Boston • London • Mailand • Palo Alto • Paris • Rotterdam

OC&C Strategy Consultants

OC&C gehört zu den weltweit führenden Strategieberatungen. Das Unternehmen berät internationale Großunternehmen und innovative, wachsende Unternehmen aus dem Mittelstand. OC&C gehört zu den Marktführern in der Entwicklung von E-Commerce-Strategien und ist überwiegend in drei Sektoren tätig:

Im Bereich Consumer werden der Handel, die Konsumgüterindustrie sowie die Dienstleistungsbranche beraten.

Im Betätigungsfeld Convergence betreut man die Medien, die Telekommunikation und das Computing.

Im Sektor Construction zählen die Hersteller, die Händler sowie die Betreiber zur Gruppe der Klienten.

Firmenanschrift:

OC&C Strategy Consultants GmbH
Neuer Zollhof 1
40221 Düsseldorf
Internetadresse: http://www.occstrategy.com

PricewaterhouseCoopers

PricewaterhouseCoopers ging aus der 1998 vollzogenen Fusion von Coopers & Lybrand und Price Waterhouse hervor. Die PricewaterhouseCoopers Unternehmensberatung GmbH ist ein Unternehmen der Gruppe PwC Deutsche Revision.[29] Der internationale Verbund PricewaterhouseCoopers verfügt über Standorte in über 150 Ländern; innerhalb des Verbundes erzielen weltweit mehr als 46 000 Berater einen Umsatz von circa 6 Milliarden US-Dollar.

Die PricewaterhouseCoopers Unternehmensberatung GmbH beschäftigt in Deutschland über 1 800 Mitarbeiter, die 1998/99 einen Umsatz von 475 Millionen DM erwirtschafteten.

Die Klientel setzt sich aus großen und mittelständischen Unternehmen, sowie aus öffentlichen und privaten Institutionen zusammen. Besondere Beratungsschwerpunkte liegen in den Bereichen Finanzdienstleistungen, Konsumgüter und Industrieprodukte, Information, Telekommunikation und Medien sowie im Bereich der Dienstleistung und der Energiewirtschaft.

Das Beratungsspektrum umfasst die Strategieentwicklung und Organisationsberatung, Markt- und Unternehmensanalysen, Geschäftsprozessanalysen und -optimierungen, Einführung von ERP-Systemen und individueller Software-Systeme und die E-Business-Beratung. Darüber hinaus werden diverse Sonderthemen bearbeitet.

Firmenanschrift:

PricewaterhouseCoopers Unternehmensberatung GmbH
Olof-Palme-Straße 35
60439 Frankfurt/Main
Internetadresse: http://www.pwcglobal.com

ProLean Consulting AG

Als Spezialist für Industrie-Beratung startete proLean 1995 mit einem Team praxiserfahrener Ingenieure, Betriebswirte und Wirtschaftsingenieure rund um den früheren Thyssen-Manager und Firmengründer Dr. Bodo Wiegand.

Kernthema des schnell wachsenden Consulting-Unternehmens mit Sitz in Düsseldorf ist die umsetzungsorientierte Beratung von Industrie, Infrastrukturunternehmen und Netzbetreibern, wobei stets Kundenorientierung und messbare Produktivitätssteigerung im Vordergrund stehen. Die Kombination aus eigenen Konzepten und den Erfahrungen der proLean-Berater als ehemalige Werks-, Produktions- oder Betriebsleiter ist in einem Leistungsangebot gebündelt, das insbesondere auf „Business on demand" fokussiert ist. Mit speziell entwickelten Programmen zur Steigerung der elementaren Wettbewerbsfaktoren Verfügbarkeit, Qualität, Individualität und Kosten konnte proLean in den vergangenen Jahren vor allem durch renommierte Kunden, wie zum Beispiel die Deutsche Bahn AG, auf sich aufmerksam machen.

Die proLean Consulting AG beschäftigt derzeit 40 Mitarbeiter, die sich neben großen und mittelständischen Auftraggebern vor allem auf typische Wachstumsmärkte konzentrieren.

Firmenanschrift:

ProLean Consulting AG
Kalkumer Schloßallee 53
40489 Düsseldorf
Internetadresse: http://www.proLean.net

Roland Berger & Partner

Die Gründung der Beratungsgesellschaft erfolgte im Jahre 1967 durch ihren Namensgeber Roland Berger. Die Projekte des Beratungsunternehmens beruhen zum größten Teil auf Innovation und Expansion der zu beratenden Unternehmen und nur noch zu einem kleiner werdenden Teil auf Restrukturierungsmaßnahmen. Die rückläufige Zahl der Restrukturierungsprojekte und der sehr hohe Anteil an mehrfach Aufträge erteilenden Kunden lässt darauf schließen, dass die meisten Kunden von Roland Berger & Partner ihre Umstrukturierung bereits hinter sich haben und den Blick nun nach vorne auf Unternehmenswachstum und Entwicklung richten.

Das anteilsmäßig größte Betätigungsfeld im Leistungsangebot von Roland Berger & Partner ist die Kombination von Strategie- und Restrukturierungsberatung. Dieser Bereich macht etwa ein Drittel des Gesamtumsatzes aus. Ein weiterer großer Bereich mit circa 20 Prozent des Jahresumsatzes wird als Operations bezeichnet. Hierunter fallen EDV-Service, Logistik, Herstellung sowie R&D-Management. Mit einem etwas geringeren Anteil folgen die Organisation und das Human Resource Management. Das Beratungsfeld Multimedia und Informationstechnologie sowie der Bereich Marketing/Sales sind bezogen auf den Umsatzanteil ähnlich groß und machen etwa 1/7 des Umsatzes aus.[30]

Weltweit arbeiten rund 1 200 Mitarbeiter, die einen Umsatz von etwa 570 Millionen DM im Geschäftsjahr 1998 erzielten. Die Klienten von Roland Berger & Partner werden rund um den Globus betreut. Mittlerweile sind zwei Drittel aller Projekte international ausgerichtet.[31]

Firmenanschrift:

Roland Berger & Partner GmbH
Arabellastraße 33
81925 München
Internetadresse: http://www.rolandberger.com

Siemens Unternehmensberatung

Die Siemens Unternehmensberatung ist eine interne Beratungsgesellschaft für den Siemens-Konzern. Der hohe Anspruch, den man an externe Berater stellt, wird auch an die hausinternen Consultants gestellt. Die Siemens Unternehmensberatung ist als Profitcenter aufgebaut und steht in Konkurrenz zu den externen Beratungsgesellschaften. Allein die Leistung und die Professionalität sollen über die Auswahl des Beraters entscheiden. Die Aufgabe der internen Berater ist es, die Wettbewerbsposition des Konzerns nachhaltig zu verbessern und somit den Platz an der Weltspitze zu halten be-ziehungsweise auszubauen. Der Beratungsansatz erfolgt ganzheitlich und umfasst Dienstleistungen von Strategieentwicklung über Restrukturierungsmaßnahmen und Benchmarking bis zu Innovations-, Wachstums- und Umsatzsteigerungsprogrammen und endet erst nach der ergebniswirksamen Umsetzung eines Projektes. Die Beratungsleistungen werden in allen Bereichen des Siemens-Konzerns angeboten und reichen von Kraftwerksanlagen bis zur Mikroelektronik, von Konsumgütern bis zur Dienstleistung.[32]

Siemens hat weltweit mehr als 400 000 Mitarbeiter und 400 Standorte und gehört damit zu den größten international agierenden Industrieunternehmen. Bei der internen Unternehmensberatung arbeiten circa 130 Personen, von denen etwa 60 Ingenieure und Naturwissenschaftler und rund 30 Wirtschaftswissenschaftler sind.[33]

Firmenanschrift:

Siemens Unternehmensberatung
Wittelsbacherplatz 2
80333 München
Internetadresse: http://www.siemens.de

The Boston Consulting Group

Boston Consulting ist der Pionier und eine der führenden Gesellschaften der strategischen Unternehmensberatung. 1963 wurde das Unternehmen durch Bruce D. Henderson gegründet und ist seit 1975 mit der Niederlassung München auch in Deutschland vertreten. Mittlerweile existieren weltweit über 47 Büros.

Weltweit sind knapp 2 000 Berater aus den verschiedensten Fachrichtungen angestellt, in Deutschland hat das Unternehmen gut 420 Mitarbeiter.[34] In Deutschland liegen die Schwerpunkte der Beratungstätigkeit auf den Gebieten der Strategieentwicklung und Implementation. Das Unternehmen erzielt einen Jahresumsatz von mehr als 360 Millionen DM allein in Deutschland.[35]

Firmenanschrift:

The Boston Consulting Group GmbH & Partner
Sendlinger Straße 7
80331 München
Internetadresse: http://www.bcg.de

2. Grundkonzepte für die Fallstudienbearbeitung

In diesem Kapitel stellen wir Ihnen die wichtigsten Grundkonzepte vor, die in einer großen Anzahl von Fallstudien als Basiswissen vorausgesetzt werden. Dabei finden sie als Ganzes oder auch in Teilen Anwendung.

Das Kapitel ist modular aufgebaut, so dass die für eine bestimmte Fallstudie jeweils relevanten Grundkonzepte als Basis für die Fallstudienbearbeitung nutzbar sind. Da dem Bewerber vor dem Interview bei der Unternehmensberatung nicht bekannt ist, vor welche Problematiken er gestellt wird, sollten alle Grundkonzepte und die Arbeit mit ihnen vertraut sein.

2.1 Ökonomische Grundkonzepte

Es gibt eine Vielzahl von ökonomischen Grundkonzepten. Hier stellen wir Ihnen jene kurz vor, deren Verständnis in besonderem Maße bei der Lösung von Fallstudien hilft.[36]

I. Marktpreisbildung

Der markträumende Preis bildet sich durch die Übereinstimmung von nachgefragter und angebotener Menge, das heißt, dass alle auf dem Markt angebotenen Güter auch verkauft werden. Zu diesem Preis wird die maximale Menge des Gutes oder der Leistung abgesetzt. Diese Beziehung wird in Abbildung 1 visualisiert. Keiner der Marktteilnehmer hat einen Anreiz, diesen Punkt zu verlassen.

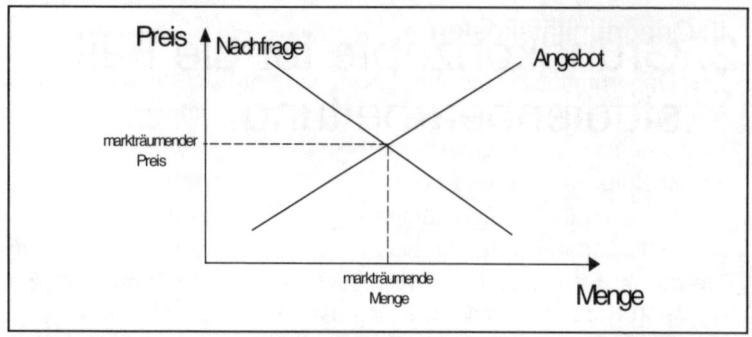

Abbildung 1: Die Angebots- und Nachfragekurve

Das Gesetz des Angebotes besagt, dass die Beziehung zwischen der angebotenen Menge an Gütern und dem Preis im Normalfall positiv ist. Bei einem steigenden Marktpreis wird die angebotene Menge steigen, wogegen diese bei einem sinkenden Preis langfristig fallen wird. In dem Zusammenhang ist festzustellen, dass die Unternehmenskapazitäten kurzfristig konstant sind und eine entscheidende Reaktion auf sinkende und fallende Preis erst mittel- bis langfristig zu erwarten ist. Mittel- und langfristig wird eine Erhöhung des Angebotes unter anderem durch sinkende Preise der Produktionsfaktoren, eine steigende Nachfrage nach einem Kuppelprodukt, durch technischen Fortschritt, Subventionen oder vermehrte Ressourcen bewirkt. Die Angebotskurve wird im Graphen nach rechts verschoben.

Das Gesetz der Nachfrage besagt, dass die Beziehung zwischen der nachgefragten Menge an Gütern und dem Preis im Normalfall negativ ist. Eine Bewegung auf der Nachfragekurve ist eine Änderung der nachgefragten Menge. Bei einem steigenden Preis sinkt die nachgefragte Menge; bei einem sinkenden Preis steigt diese. Wird zum Beispiel eine Musik-CD als Sonderangebot zu einem günstigeren Preis angesetzt, so ist zu erwarten, dass sie in verstärktem Maße gekauft wird.

II. Opportunitätskosten

Die Opportunitätskosten einer Aktivität sind die entgangenen bewerteten Erträge der aus der Sicht des Entscheidungsträgers bestmöglichen verworfenen Alternative. Diese unterscheiden sich von Entscheidungsträger zu Entscheidungsträger. Wenn sich beispielsweise ein Industrieunternehmen für die Produktion eines Stahlträgers A anstatt eines Stahlträgers B entscheidet, sind die Opportunitätskosten die entgangenen Erträge aus der Produktion des Stahlträgers B.

III. Technische und ökonomische Effizienz

Die ökonomische Effizienz kann durch die zwei Ausprägungsformen des ökonomischen Prinzipes (Minimum- und Maximum-Prinzip) dargestellt werden. Beim Minimum-Prinzip ist es nicht möglich, eine gegebene Outputmenge kostengünstiger herzustellen, und beim Maximum-Prinzip wird bei gegebenem Budget die Outputmenge maximiert. Dabei werden Wertgrößen zur Beschreibung der Minimal-Kosten-Kombinationen verwendet.

Die technische Effizienz orientiert sich auch am ökonomischen Prinzip. Es ist nicht möglich, eine höhere Outputmenge mit gegebener Faktoreinsatzmenge beziehungsweise die gleiche Outputmenge mit weniger mindestens eines Faktors bei Konstanz der übrigen Faktoren herzustellen. In allen anderen Fällen beschreiben diese Mengengrößen Verschwendung bei der Produktion von Leistungen. Das bedeutet auch, dass bei ökonomisch effizienter Produktion technisch effizient produziert wird.

2.2 Finanzwirtschaftliche Grundkonzepte

Die Berechnung finanzwirtschaftlicher Kennziffern gehört zum Basiswissen, das bei der erfolgreichen Bearbeitung von Fallstudien benötigt wird.[37]

I. Unternehmenserfolg

Der Erfolg eines Unternehmens kann auf vielfältige Weise ermittelt werden. Die einfachste Basis berücksichtigt lediglich den bewerteten Einsatz an Produktionsfaktoren und den aus den unternehmerischen Aktivitäten resultierenden Ertrag.

$$Unternehmensgewinn = Ertrag - Aufwand$$

Langfristig sollte der Ertrag des Unternehmens größer als der Aufwand sein.

II. Produktivität

Das Verhältnis von Gütererzeugung (Outputmenge) und dem dazu benötigten Einsatz an Produktionsfaktoren wird als Produktivität bezeichnet. Bei der Grenzproduktivität wird der zusätzliche Faktoreinsatz betrachtet, der zur Produktion einer weiteren marginalen Einheit der unternehmerischen Leistung nötig ist.

$$P = \frac{Outputmenge}{Faktor - Inputmenge}$$

Bei der Betrachtung der Produktivität sollten Vergleichswerte zur Bewertung der unternehmerischen Leistung herangezogen werden.

III. Wertmäßige Wirtschaftlichkeit

Die Kennziffer der Wirtschaftlichkeit bezeichnet die Relation zwischen dem bewerteten Output und dem bewerteten Input.

$$W = \frac{bewerteter\ Output}{bewerteter\ Input}$$

Sehr oft stellt sich die Frage, ob ein Unternehmen wirtschaftlich arbeitet. Auch bei dieser Kennziffer sind Vergleichswerte von elementarer Bedeutung.

IV. Gesamtkapitalrentabilität

Die Kennziffer der Rentabilität verbindet den Erfolg des Unternehmens mit dem eingesetzten Kapital. Bei der Gesamtkapitalrentabilität wird die Summe aus Gewinn und Fremdkapitalzinsen mit dem Gesamtkapital in Verhältnis gesetzt. Das Gesamtkapital setzt sich aus dem Eigen- und dem Fremdkapital zusammen.

$$GKR = \frac{Gewinn + Fremdkapitalzinsen}{Gesamtkapital}$$

V. Eigenkapitalrentabilität

Wie bei der Gesamtkapitalrentabilität wird bei der Eigenkapitalrentabilität der Unternehmenserfolg mit dem eingesetzten Kapital, hier dem Eigenkapital, in Relation gesetzt.

$$EKR = \frac{Gewinn}{Eigenkapital}$$

VI. Fremdkapitalrentabilität

Diese Rentabilitätskennziffer setzt, im Gegensatz zur Eigenkapitalrentabilität, nicht den Gewinn und das Eigenkapital, sondern die Fremdkapitalzinsen und das eingesetzte Fremdkapital in Verhältnis.

$$FKR = \frac{Fremdkapitalzinsen}{Fremdkapital}$$

VII. Return on Investment

Der ROI ist eine Kennziffer, die den Gewinn und das eingesetzte Kapital eines Unternehmens zueinander in Beziehung setzt. Dabei kann dieses Maß auch durch die Umsatzrentabilität und die Umschlagshäufigkeit bestimmt werden.

$$ROI = Umsatzrentabilität \times Umschlagshäufigkeit$$
$$= \frac{Gewinn}{Umsatz} \times \frac{Umsatz}{Kapital}$$

VIII. Umsatzrentabilität

Eine weitere Rentabilitätskennziffer ist die Umsatzrentabilität, bei der der Gewinn und der erzielte Umsatz in Relation zueinander gesetzt werden.

$$UR = \frac{Gewinn}{Umsatz}$$

IX. Wirtschaftlichkeit

Bei der Nutzung der Wirtschaftlichkeit als Kennziffer für unternehmerische Aktivitäten werden die tatsächlich angefallenen Kosten der Leistungserstellung ins Verhältnis zu den geplanten Kosten gesetzt.

$$W = \frac{IST - Kosten}{SOLL - Kosten}$$

X. Cash Flow

Der Cash Flow dient als Kennziffer für die Bewertung der unternehmerischen Liquiditätssituation, indem der Einnahmenüberschuss der betrachteten Periode ermittelt wird. Dieser Einnahmenüberschuss kann unter anderem aus der Summe des ausgewiesenen Jahresüberschusses, der Abschreibungen und der langfristigen Rückstellungen gebildet werden. Für die Ermittlung dieser Kennziffer können vielfältige Formeln herangezogen werden. Eine einfache Methode sieht wie folgt aus:

$$Cash\ Flow = Jahresüberschuß + Abschreibungen$$
$$+/- langfristige\ Rückstellungen$$

Die grundlegende Zielsetzung bei der Ermittlung des Cash Flows besteht darin, zu klären, ob ein Unternehmen liquides Kapital besitzt, um unter anderem seinen laufenden Verpflichtungen nachzukommen.

XI. Eigenkapitalquote

Die Eigenkapitalquote gehört zu den Bilanzkennziffern, die durch das Gegenüberstellen von Positionen der Bilanz gebildet werden. In diesem Fall wird der Anteil des Eigenkapitals am Gesamtkapital ermittelt.

$$EKQ = \frac{Eigenkapital}{Gesamtkapital}$$

Dem Betrachter geben diese und die folgenden Kennziffern einen ersten Eindruck über den wirtschaftlichen Aufbau des Unternehmens. Ein bestimmtes, in der Regel branchenspezifisches Gleichgewicht zwischen Eigen- und Fremdkapital ist für das Unternehmen vorteilhaft.

XII. Liquiditätsgrad

Der Liquiditätsgrad zeigt das Verhältnis von liquiden Finanzmitteln eines Unternehmens und den kurzfristigen Verbindlichkeiten.

$$LG = \frac{Liquide\ Mittel}{kurzfristige\ Verbindlichkeiten}$$

Einem Unternehmen mit sehr geringen liquiden Mitteln droht im Extremfall die Zahlungsunfähigkeit.

XIII. Verschuldungskoeffizient

Diese Bilanzkennziffer weist den Anteil des Fremdkapitals am Gesamtkapital eines Unternehmens aus.

$$VK = \frac{Fremdkapital}{Gesamtkapital}$$

XIV. Verschuldungsgrad

Die letzte wichtige Bilanzkennziffer setzt das Fremdkapital und das Eigenkapital eines Unternehmens in Relation.

$$VG = \frac{Fremdkapital}{Eigenkapital}$$

Von elementarer Wichtigkeit bei der Nutzung dieser Kennziffern ist die Vergleichbarkeit der einzelnen Faktoren zu gewährleisten, was jedoch bei unterschiedlichen Periodenlängen problematisch sein könnte. Dem Anwender vermitteln diese Kennziffern einen Eindruck von der finanziellen Situation des Unternehmens und helfen bei der Bewertung.

2.3 Lernkurve

Das Konzept der Lernkurve[38] beinhaltet den Zusammenhang zwischen dem Produktionsvolumen und den bei der Produktion entstehenden Stückkosten. Eine weitere häufig in der Literatur verwendete Bezeichnung für diese Beziehung ist die Erfahrungskurve.

Eine Verdoppelung des kumulierten Produktionsvolumens bezogen auf den Wertschöpfungsanteil ermöglicht dem Unternehmen eine 20-30%ige Senkung der Stückkosten. Dieser Zusammenhang wird in der folgenden Abbildung verdeutlicht.

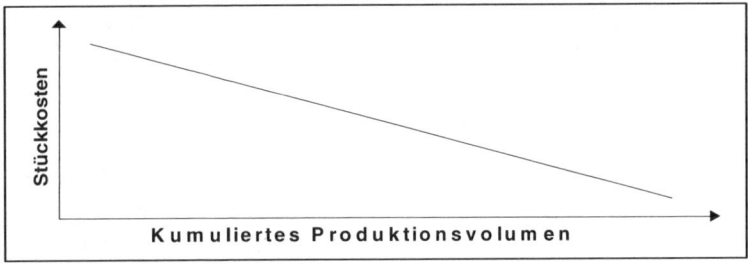

Abbildung 2: Die Erfahrungskurve

Auf der vertikalen Achse wird die Kostendimension und auf der horizontalen Achse die Erfahrungsdimension mit der kumulierten Produktionsmenge abgebildet.

Für diese positive Entwicklung der Stückkosten kann eine Vielzahl von Faktoren verantwortlich sein.

Zunächst ermöglichen die steigende Betriebsgröße und die wachsende Produktionsmenge in vielen Fällen Einsparpotenziale in den meisten Unternehmensbereichen bezogen auf die Ausbringungsmenge. Diese Vorteile können beispielsweise in der Produktion durch den Einsatz neuer Produktionsstraßen mit höherem Output und niedrigeren Stückkosten realisiert werden. In der Beschaffungslogistik sollte es für das Unternehmen möglich sein, durch höhere Einkaufsmengen an Produktionsfaktoren günstigere Konditionen auszuhandeln. Derartige Entwicklungen sollten in nahezu allen Unternehmensbereichen realisiert werden können.

Durch die Kosteneinsparpotenziale erhält das Unternehmen die Möglichkeit, andere Aspekte der Produktion wie die Qualität oder das Marketing zu intensivieren, was den steigenden Absatz der Produkte und Dienstleistungen fördert.

Die erhöhte Produktion und die steigende Erfahrung bei der Fertigung ermöglichen in der Regel Lernerfolge. Das im Laufe der Zeit erworbene neue Know-how sichert dem Unternehmen Effizienzsteigerungen, da unter anderem die Anzahl an Rationalisierungsmöglichkeiten steigt.

Die alleinige Betrachtung der Lernkurve stellt sich als problematisch heraus, da eine Vielzahl von weiteren Faktoren für die Entwicklung des Marktpreises verantwortlich sein kann, und die Trennung dieser Faktoren sich schwierig gestaltet.

Mit Hilfe der Erfahrungskurve kann man auf die Kostensituation von Wettbewerbern schließen und so die eigene Wettbewerbssituation bestimmen. Diese Analyse erfordert allerdings bei den betrachteten Unternehmen eine ähnliche Produktionsart und Kapazität. Lediglich der Zeitpunkt der Entstehung des Unternehmens sollte unterschiedlich sein. Häufig fehlen Informationen über kumulierte Mengen der Konkurrenten. Allerdings ist anzunehmen, dass sich die kumulierten Mengen wie die Marktanteile verhalten.

Die Lernkurve verdeutlicht die notwendige Ausrichtung auf die betriebswirtschaftliche Effizienz und reduziert die Komplexität bei der Analyse.

2.4 Business Reengineering (BR)

Der Begriff des Business Reengineering wurde maßgeblich von Hammer und Champy geprägt.[39] In der Literatur werden auch andere Bezeichnungen wie Business Redesign, Business Process Reengineering oder Process Innovation benutzt, die jedoch alle denselben Vorgang beschreiben.

Ausgangspunkte des BR sind Geschäftsprozesse, die als logisch angeordnete Aktivitäten zur Erreichung eines definierten Unternehmensziels beschrieben werden können. Diese Unternehmensprozesse werden umstrukturiert. Dabei werden keine marginalen, sondern enorme Verbesserungen in Qualität, Service, Zeit und Kosten angestrebt. Dies veranschaulicht Abbildung 3, in der die Vierecke unternehmerische Funktionen und die Sechsecke die resultierenden Ereignisse darstellen.

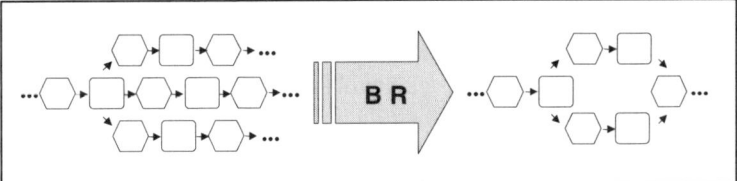

Abbildung 3: Schematische Darstellung der Wirkungsweise von BR

Der Ausgangspunkt dieser Aktivitäten sollte eine Betrachtung der Ist-Situation des Unternehmens und eine Identifikation der relevanten Prozesse sein. Aus den erkannten Geschäftsprozessen werden diejenigen ausgewählt, die ein Veränderungspotenzial beinhalten. Anschließend können die unternehmerischen Vorgänge sinnvoll umstrukturiert werden. Von großer Bedeutung ist die Ex-post-Betrachtung des Erfolges dieser Reengineering-Maßnahmen.

In der Managementwelt wird das Business Reengineering kontrovers diskutiert. Wichtig an diesem Ansatz ist die Fokussierung auf Geschäftsprozesse, das Hinterfragen alter Strukturen, deren Arbeitsweisen und die Kunden- beziehungsweise Zielorientierung.

2.5 ABC-Analyse

Die ABC-Analyse ist ein Konzept, das die Disposition von Produktionsfaktoren wie auch Materialien unterstützt.[40]

Bei den planerischen Aktivitäten zur Disposition wird in vielen Unternehmen festgestellt, dass etwa 70 Prozent des Verbrauchswertes durch lediglich 10 Prozent der gesamten Menge von Produktionsfaktoren verursacht wird. Im Gegensatz dazu sind etwa 70 Prozent der Materialien für lediglich 10 Prozent der entstandenen Gesamtverbrauchskosten verantwortlich.

Diese Feststellung führt zu der Einteilung der Verbrauchsmaterialien in die folgenden drei Wertklassen:

A – hoher Verbrauchswert

B – mittlerer Verbrauchswert

C – geringer Verbrauchswert

Die Vorgehensweise besteht aus drei elementaren Schritten: Zunächst werden die mit dem durchschnittlichen Verbrauch der Materialien verbundenen Kostenanteile der letzten Abrechnungsperiode ermittelt. Es folgt die Sortierung der Produktionsfaktoren nach deren Verbrauchswert. Die dabei ermittelten Mengen- und Verbrauchswertanteile werden in einer Lorenz-Konzentrationskurve (vgl. Abb. 4) abgebildet.

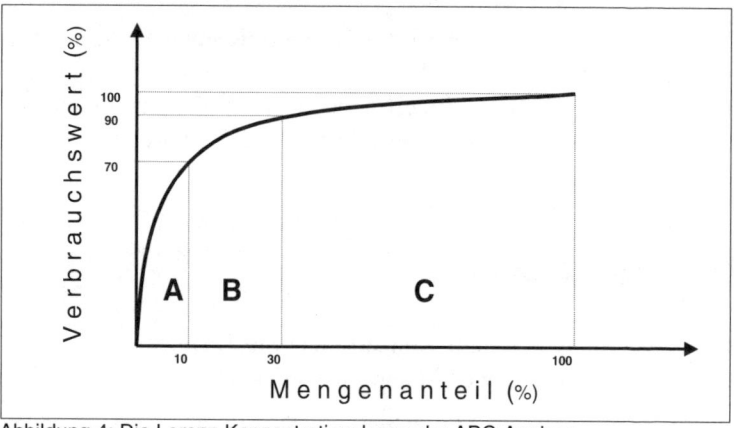

Abbildung 4: Die Lorenz-Konzentrationskurve der ABC-Analyse

Diese Einteilung gibt letztendlich Aufschluss darüber, ob die Materialien bedarfs- oder verbrauchsgesteuert disponiert werden sollen. In der Regel werden A- und B-Teile bedarfs- und C-Teile verbrauchsgesteuert disponiert.

Bei der bedarfsgesteuerten Disposition wird der Bedarf an untergeordneten Baugruppen ausgehend von Kundenaufträgen oder Absatzprognosen generiert. Prognosefehler in der Planung resultieren meist in hohen Kosten wie beispielsweise Fehlmengen- oder Lagerhaltungskosten. Diese Art der Disposition ist im Vergleich zur verbrauchsgesteuerten Disposition exakter, erzeugt allerdings wegen des erhöhten Rechen- und Verwaltungsaufwands höhere Kosten.

Die verbrauchsgesteuerte Disposition nutzt Daten der vergangenheitsorientierten Beschaffung der Materialien als Basis. Dabei ist von elementarer Bedeutung, dass die Materialien einen relativ konstanten Verbrauch vorweisen, der auch saisonal schwankend sein darf. Verbrauchsmusterbrüche sollten sofort erkannt werden. Diese Form der Disposition ist weniger kostenintensiv, dafür allerdings auch ungenauer.

Die Idee, die hinter der ABC-Analyse steckt, kann auf viele weitere Bereiche des unternehmerischen Handelns übertragen werden. So ist es denkbar, dass bei der Betrachtung einer Kundenstruktur zwischen A-, B- und C-Kunden differenziert wird. Diese Klassifizierung ist dann Grundlage für strategische Entscheidungen.

2.6 Produktlebenszyklus

Das Konzept des Produktlebenszyklus[41] (Product-Life-Cycle) ist bei der strategischen Absatzplanung in Unternehmen von großem Nutzen. Das Management wird hierdurch bei der Prognose von Absatz- und Gewinnentwicklungen einzelner Produkte und Dienstleistungen unterstützt. Diese Prognosedaten bilden die Basis für Entscheidungen.

Eine zeitlich differenzierte Produktakzeptanz und die auf den Umsatz wirkenden Marktkräfte, wie die Handlungen von Konkurrenten, bilden die Grundlage dieses Konzeptes.

Es sind viele verschiedene Absatzentwicklungen im Zeitablauf denkbar. Das hier dargestellte Konzept des Produktlebenszyklus, das die Umsatzerlösentwicklung darstellt, wird durch die vier aufeinander folgenden Phasen Einführung, Wachstum, Reife und Abschwung (vgl. Abb. 5) charakterisiert.

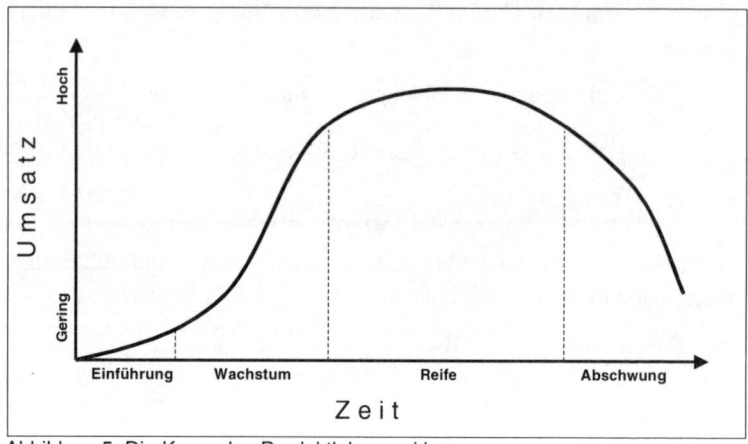

Abbildung 5: Die Kurve des Produktlebenszyklus

Diesen vier Phasen liegen verschiedenartige Chancen und Risiken im Wettbewerb zu Grunde, denen das Unternehmen mit unterschiedlichen Strategien gerecht werden muss.

I. Einführungsphase

Die Phase der Markteinführung ist durch ein hohes Risikopotenzial gekennzeichnet. Mit dieser Unsicherheit muss das Unternehmen umgehen und hohe Investitionen tätigen, um das Produkt auf dem Markt einzuführen. In dieser Phase ist das Marketing von entscheidender Bedeutung für den unternehmerischen Erfolg. Dem anvisierten Kundenkreis müssen die Vorteile des Produktes oder der Dienstleistung näher gebracht werden.

Nach der eigentlichen Markteinführung steigt der Umsatz in der Regel langsam an. Das Kundenverhalten muss sorgsam beobachtet werden, da es Aufschlüsse über die weitere strategische Planung im Umgang mit der Geschäftseinheit gibt. Das Unternehmen steht vor der Entscheidung, entweder bei einem negativen Feedback der

54

Kunden aus dem Markt auszusteigen oder die Marktentwicklung durch weitere Anstrengungen voranzutreiben.

II. Wachstumsphase

Die Wachstumsphase ist durch einen starken Anstieg der Umsatzwachstumsrate gekennzeichnet. Durch den steigenden Erfolg des Produktes werden neben den Kunden auch verstärkt andere Wettbewerber auf das neue Produkt aufmerksam. Am Ende dieser Phase kommt es zu einem verstärkten Wettbewerb, infolgedessen einige der Unternehmen aus dem Markt ausscheiden.

In dieser Zeit ist es für das Unternehmen von besonderer Bedeutung, seine Produkte und Dienstleistungen weiter zu verbessern, um den eventuell vorhandenen komparativen Wettbewerbsvorteil zu erhalten beziehungsweise auszubauen.

III. Reifephase

In der Reifephase sinkt die Rate des Umsatzwachstums in der Regel bis zu der normalen Marktwachstumsrate ab. Gegen Ende dieser Phase beginnt der Umsatz zu sinken.

Das Unternehmen sollte bestrebt sein, seine Marktposition zu verteidigen. Die Verlängerung der Phase wird durch weitere Verbesserungen und zusätzliche Ausstattungsmerkmale erreicht. Das schließt die Bildung von neuen Produktvarianten mit ein. Des Weiteren sollte das Unternehmen versuchen, neue Marktsegmente für seine Produkte und Leistungen zu erschließen. Zusätzlich hilft eine aktive Preispolitik bei der Phasenverlängerung. Die reine Ausschöpfung des Marktes im Sinne der Gewinnmaximierung verringert die Länge der Reifephase.

IV. Abschwung

Die Phase des Abschwungs ist durch stark abnehmende Umsätze gekennzeichnet. Das Unternehmen verliert seine Marktposition, da Konkurrenten überlegene Produkte und Dienstleistungen auf dem Markt anbieten. In dieser Phase ist in der Regel ein schneller Ausstieg aus dem Markt die beste strategische Alternative. Kurzfristig erzielbare Gewinne sollten realisiert werden.

2.7 Just-in-Time-Konzept

Das Just-in-Time-Konzept[42] basiert auf einer besonderen Art der Beziehung zwischen Lieferanten und Kunden. Die Beschaffung von Produktionsfaktoren erfolgt auf synchrone Weise. Der Lieferant stellt die Materialien direkt am Bearbeitungspunkt des Kunden bereit, ohne dass die Produktionsfaktoren zuvor zwischengelagert werden müssen. Das Just-in-Time-Konzept führt somit zu einer verstärkten Integration von Beschaffungs- und Vertriebslogistik.

Ziel dieses Konzeptes ist die Lieferung der geringstmöglichen Menge an Materialien zum spätestmöglichen Zeitpunkt. Auf diese Weise werden die Lagerhaltungskosten und damit auch die Kapitalbindungskosten des Kunden gesenkt. Eine Lagerung von Produktionsfaktoren dient lediglich der Produktionssicherung, um beispielsweise Lieferausfälle auszugleichen.

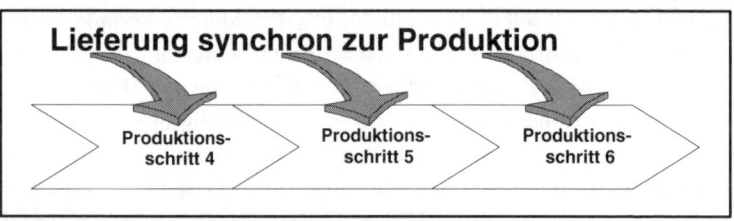

Abbildung 6: Das Just-in-Time-Konzept

An eine effektive Umsetzung dieses Konzeptes werden jedoch zunächst einige elementare Forderungen gestellt:

– Die beiden Marktpartner sollten über direkte Kommunikationswege verfügen.

– Die Kooperation und Koordination müssen maximiert werden.

- Bestellvorgänge sollten weitestgehend standardisiert sein.

- Die Produktion des Kunden sollte eine gleichmäßige Verbrauchs- und Outputrate aufweisen. Dennoch muss der Lieferant auftretende Schwankungen im Bedarf des Kunden durch eine hohe Flexibilität bei der eigenen Produktion ausgleichen können.

- Der Lieferant muss eine hohe und gleichmäßige Qualität der Produkte garantieren. Von elementarer Bedeutung ist hierbei das Total Quality Management.

- Wegen der fehlenden Zwischenlager beim Kunden muss vom Lieferanten ein schneller und zuverlässiger Transport der Produkte gewährleistet werden. Dabei erfolgt die Lieferung in der Regel über die Transportflotte des Lieferanten.

- Eine Just-in-Time-gerechte Warenannahme ist notwendig.

Von entscheidender Bedeutung für das belieferte Unternehmen ist die verringerte oder bestenfalls wegfallende Lagerhaltung und die dadurch sinkende Kapitalbindung. Des Weiteren sollte die Beziehung zwischen dem liefernden und belieferten Unternehmen langfristig ausgelegt sein, da das Implementieren eines derartig aufwendigen Logistikkonzeptes zunächst mit hohem Investitionsaufwand verbunden ist. Beide Unternehmen erhalten durch die langfristige Bindung und die relativ festgelegten Produktarten und Liefermengen eine größere Planungssicherheit. Die langfristige Bindung und die daraus resultierenden gegenseitigen Abhängigkeiten können sich allerdings auch zu entscheidenden Nachteilen entwickeln, da beispielsweise bei einer Störung der Zusammenarbeit der Beschaffungsmarkt selten Ausweichmöglichkeiten für beide Unternehmen bietet.

Dennoch bietet dieses Konzept zur unternehmensübergreifenden Integration zwischen Hersteller und Lieferant bei der richtigen Implementierung entscheidende logistische Vorteile, die beiden Unternehmen auf dem Markt zugute kommen.

2.8 Schlüsselfaktoren

Bei der Analyse von Unternehmen und Märkten spielt das Konzept der Schlüsselfaktoren (key factors) eine besondere Rolle.

Eine Vielzahl von Analysen beginnt mit einer Betrachtung des Status quo, die interne wie externe Faktoren berücksichtigt. Gerade bei der Bearbeitung von Fallstudien muss der Analytiker in besonderem Maße zwischen wichtigen und weniger wichtigen Faktoren der Situation unterscheiden. Die Fallstudien aus Interviewrunden bieten dem Kandidaten in der Regel nur wenig Zeit, um die relevanten Daten und die daraus resultierenden Schlüsse aus der Problematik zu ziehen.

So ist es möglich, dass der Betrachter seine Aufmerksamkeit konsequent auf die Kernkompetenzen eines Unternehmens als den Schlüsselfaktor der Fallstudie richtet. Diese Vorgehensweise sollte zu den Basics einer jeden Fallstudienbearbeitung gehören.

2.9 Vertikale Integration der Wert-schöpfungskette

Bei der vertikalen Integration (vgl. Abb. 7) werden die verschiedenen Stufen der Wertschöpfung von der Gewinnung des Rohmaterials bis hin zum Vertrieb des Endproduktes der gesamten Wertschöpfungskette vereint. In den meisten Fällen ist die vertikale Integration auf die Beschaffungslogistik ausgerichtet.

Gerade bei örtlich verteilten Stufen der Wertschöpfung ist eine gut ausgebaute Koordination und Kommunikation von elementarer Bedeutung. In diesem Zusammenhang können Verflechtungen in der Informationsverarbeitung zwischen verschiedenen Unternehmen intensiviert und aufeinander abgestimmt werden. Durch die gezielte Zusammenarbeit der einzelnen Stufen der Wertschöpfung kann eine effiziente Produktion bei den beteiligten Unternehmen erreicht werden, was beispielsweise die Time-to-Market neuer Entwicklungen verkürzt. Die Kundenorientierung hat bei der vertikalen Integration eine herausragende Bedeutung.

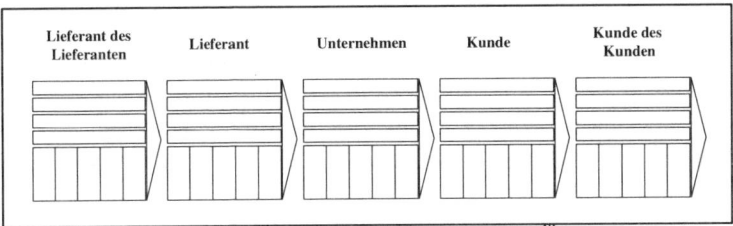

Abbildung 7: Vertikale Integration der Wertschöpfungskette[43]

Das Unternehmen, das durch eine Übernahme vertikal integriert, verspricht sich in der Regel einen größeren Einfluss auf die Beschaffungs- und Vertriebslogistik, wodurch ein gewisses Maß an Unsicherheit in den unternehmerischen Aktivitäten abgebaut wird. Gleichzeitig kann das Unternehmen durch die vertragliche Vereinbarung mit seinem Logistikpartner oder durch den Aufkauf desselben seine Marktposition verbessern. Gleichwohl bergen derlei Aktivitäten eine Vielzahl an Risikopotenzialen.

2.10 Kostenmanagement

Das Kostenmanagement[44] umfasst alle betrieblichen Aktivitäten, die mit der Erfassung, Aufbereitung und Auswertung der unternehmensrelevanten Kostendaten verbunden sind. Dabei wird zunächst zwischen der Finanzbuchführung, die sich an externe Adressaten richtet, und der Kosten- und Leistungsrechnung, die an unternehmensinterne Adressaten gerichtet ist, differenziert.

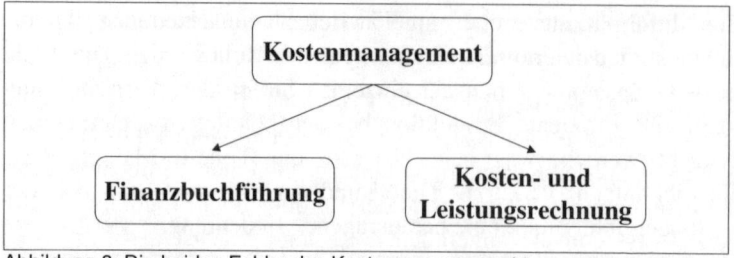

Abbildung 8: Die beiden Felder des Kostenmanagements

Neben Publikationsaufgaben werden auch Planungs- und Kontroll-funktionen erfüllt. Im Falle der Finanzbuchführung ist das Kosten-management an eine Vielzahl von Restriktionen gebunden. Im Rahmen der internen Kosten- und Leistungsrechnung wurden viele Kalkulationssysteme wie Plankosten-, Deckungsbeitrags- und Pro-zesskostenrechnungssysteme entwickelt, die das interne Kostenma-nagement unterstützen.

Die Anzahl der Differenzierungsmöglichkeiten von anfallenden Kosten im Bereich des Kostenmanagements ist groß. Die wichtig-sten Begriffe des Kostenmanagements werden im Folgenden Ab-schnitt diskutiert.

Wenn bei der Betrachtung der Kosten nach dem Output als Be-zugsgröße differenziert wird, spielen die folgenden Größen im Kostenmanagement eine wichtige Rolle:

- *Variable Kosten*: Kosten, die sich mit der Menge der Produk-tion ändern

- *Fixe Kosten*: Kosten, die unabhängig von der Menge der Pro-duktion in kostanter Höhe anfallen

- *Durchschnittsstückkosten*: Bei dieser Kostengröße wird die Gesamtheit aller angefallenen Kosten der Produktion durch die Outputmenge dividiert

- *Grenzkosten*: Auf eine Outputeinheit bezogene Kosten, die bei der Erhöhung der Ausbringungsmenge um eine marginale Ein-heit zusätzlich entstehen

Bei diesen Kostengrößen spielen der Planungszeitraum und die Bezugsgröße der Kosten die entscheidende Rolle.

Differenziert der Betrachter die Kosten nach der Art der Verrechnung, so wird zunächst zwischen Einzel- und Gemeinkosten unterschieden. In der Kostenartenrechnung, als einer Teilrechnung des Kostenrechnungssystems, wird der Verbrauch an Produktionsfaktoren erfasst und die angefallenen Kosten zunächst in Einzel- und Gemeinkosten eingeteilt:

– *Einzelkosten*: Kosten, die einem Produkt direkt zurechenbar sind und diesem auch direkt zugerechnet werden

– *Gemeinkosten*: Kosten, die einem Produkt nicht direkt zurechenbar sind und die auch nicht direkt gerechnet werden. Diese Gemeinkosten sollten mit Hilfe innerbetrieblicher Verrechnungssätze auf die verursachenden Kostenstellen und -träger verrechnet werden.

Bei der Kostenabgrenzung nach der Art und der Herkunft der Produktionsfaktoren wird grob zwischen den primären und sekundären Kosten unterschieden:

– *Primäre Kosten*: Kosten, die bei dem Verbrauch unternehmensextern beschaffter Produktionsfaktoren entstehen

– *Sekundäre Kosten*: Kosten, die bei dem Verbrauch von intern erstellten Gütern und Leistungen entstehen

Dem Bewerber sollten die Grundbegriffe des Kostenmanagements geläufig sein, da dieses Grundlagenwissen in fast jeder Fallstudie, die sich mit Kostenfragen beschäftigt, enthalten ist.

2.11 Total Quality Management

Die Qualität eines Produktes oder einer Dienstleistung hat in den letzten Jahren immer mehr an Bedeutung gewonnen. Wettbewerber erhalten die Möglichkeit, sich über die Qualität ihrer Leistung besser voneinander zu differenzieren.

In vielen Unternehmen wird die Qualitätskontrolle nur von wenigen Spezialisten durchgeführt. Teilweise wurden ganze Abteilungsbereiche wie die Endkontrolle gebildet, um die eigenen Qualitätsstandards zu Gewähr leisten. In der heutigen Zeit wird die Forderung nach der Implementierung einer Qualitätsicherungsnorm wie ISO 9000ff geradezu zur Pflicht für Unternehmen und deren Zulieferer.

Das Total Quality Management[45] (TQM) ist ein umfassendes, ganzheitliches, integrierendes Qualitätsmanagement, das sich auf die Gesamtheit der Unternehmensbereiche und deren Mitarbeiter bezieht. Jede an den Unternehmensprozessen beteiligte Person ist für die Qualität verantwortlich. In diesem Zusammenhang bezieht sich Total Quality Management nicht nur auf Produkte, sondern auch auf organisatorische Abläufe wie die Erstellung der unternehmerischen Leistung sowie die Qualität der Arbeitsbedingungen und der Umweltbeziehungen. Das bedeutet, dass der häufig isolierte Abteilungsbereich der Qualitätskontrolle über alle logistischen Bereiche des Unternehmens verteilt wird.

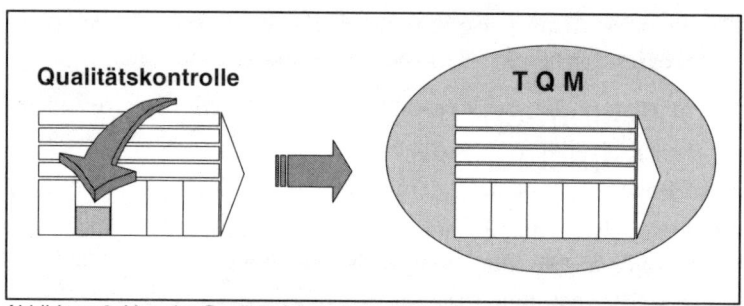

Abbildung 9: Von der Qualitätskontrolle zu Total Quality Management

Bei der Umsetzung des Total Quality Management sollte das Unternehmen im planerischen Bereich beginnen und sukzessiv über die Entwicklung und Fertigung alle zum Unternehmensprozess gehörigen Bereiche einschließen. Diese Forderung ist von elementarer Bedeutung, da die Identifikation von Fehlerquellen so schnell wie möglich erfolgen sollte. Die Fehlerbeseitigungskosten steigen im Laufe der Entwicklungs- und Produktionsphasen stetig an.

Der Qualitätskontrolle und -verbesserung sollte in sämtlichen Unternehmensaktivitäten oberste Priorität eingeräumt werden. Das schließt präventive Qualitätsförderungsmaßnahmen und Änderungen in der Art der Qualitätskontrolle wie den Übergang von Fremd- zu Eigenkontrolle mit ein. Den Mitarbeitern muss die Wichtigkeit dieser Aufgabe bewusst gemacht werden, da sie entscheidenden Einfluss auf die Qualität der unternehmerischen Leistung haben. Das Hauptziel des Total Quality Management sollte sein, die Qualität statt durch nachgelagerte Kontrolle und Nacharbeiten durch qualitätsgerechte Konstruktion und Produktion zu gewährleisten.

In jedem Unternehmen muss die Entscheidung über den Einsatz des Total Quality Managements individuell entschieden werden, wobei viele Faktoren wie die erhöhten Kosten des Qualitätsmanagements bedeutende Rollen spielen. Dennoch darf man nicht vergessen, dass auch ein zu langes Warten oder die vollständige Ablehnung Risiken für das Unternehmen birgt.

2.12 Bottom-up- und Top-down-Betrachtungen

Bei der Analyse von Fallstudien hat der Kandidat zwei allgemeine Vorgehenskonzepte zur Auswahl: den Bottom-up- und den Top-down-Ansatz. Die hinter diesen beiden Ansätzen steckende Logik wird anhand des Beispiels der Unternehmensplanung näher erläutert:

Der Bottom-up-Ansatz, der auch oftmals als progressiver Ansatz bezeichnet wird, startet auf der untersten Planungsstufe – der operativen Ebene – in einem Unternehmen. Auf dieser Hierarchieebene werden zunächst einzelne Teilpläne erstellt, die dann an die darüber liegende Planungsstufe weitergegeben werden. Auf dieser Ebene werden die Teilpläne teilbereichsbezogen integriert, um weitere Informationen ergänzt und weitergereicht, bis die oberste Hierarchieebene erreicht ist. Dort werden alle Teilpläne zu einem Unternehmensplan zusammengefasst.

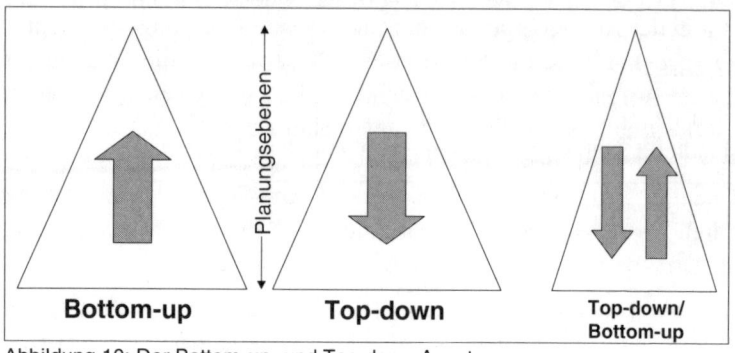

Abbildung 10: Der Bottom-up- und Top-down-Ansatz

Der zweite Ansatz, der auch häufig als retrograder Ansatz bezeichnet wird, beinhaltet eine Top-down-Vorgehensweise. Planungsstart ist die oberste Planungsebene – die Unternehmensführung, auf der die Gesamtplanung festgelegt und diese dann weiter gehend für die darunter folgenden Planungsebenen in Teilpläne aufgegliedert wird. Mit jeder Ebene findet eine weitere Zerlegung der Teilpläne statt, wobei bei jedem Schritt eine Präzisierung der betrachteten Problematik vorgenommen wird.

Eine Integration der beiden Ansätze wird mit dem Gegenstromverfahren erreicht. Die oberste Planungsebene erstellt einen provisorischen Plan, der als Basis für die abgeleiteten Teilpläne dient. Die Teilpläne werden bis auf die unterste Planungsebene erstellt und dort überprüft. Es folgt eine Bottom-up-Überprüfung der Realisierbarkeit der Planvorgaben. Konfliktbereiche müssen in diesem Fall neu bearbeitet werden.

2.13 Entscheidungsbäume/Logikbäume

Logikbäume sind ein geeignetes Mittel, um komplizierte Sachverhalte und Beziehungen zu strukturieren und zu visualisieren. Man kann Logikbäume sowohl Top-down als auch Bottom-up anwenden; an dieser Stelle wird jedoch nur die erste Vorgehensweise beschrieben.

Man beginnt an einem Startpunkt und zerlegt diesen in seine Bestandteile. Dabei geht man über verschiedene Ebenen.

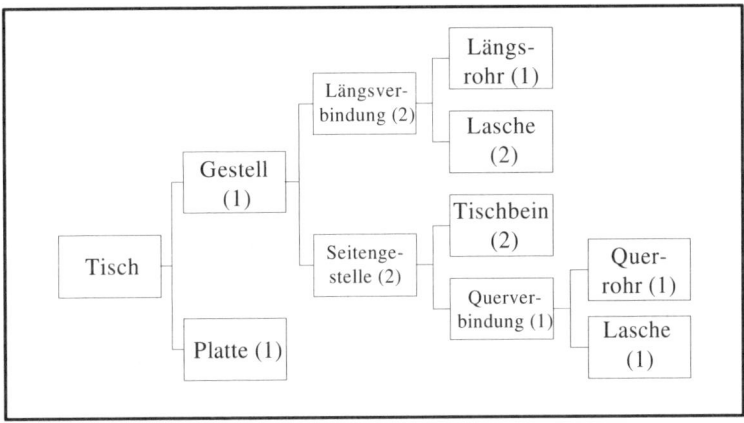

Abbildung 11: Beispiel eines Logikbaumes

In diesem Beispiel[46] soll der Startpunkt ein gewöhnlicher Tisch sein (vgl. Abb. 11). Diesen zerlegt man in Gestell und Tischplatte, von denen man jeweils eine Mengeneinheit braucht. Bei der Erstellung eines Logikbaumes muss man das so genannte MECE-Prinzip beachten. Die einzelnen Ebenen müssen „mutually exclusive" (ME) und „collectively exhaustive" (CE) sein, das heißt es dürfen keine Überschneidungen innerhalb einer Ebene vorliegen, und eine Ebene muss die vorgelagerte Ebene als Ganzes beschreiben. Gestell und Platte haben keine Überschneidungen und ergeben zusammen den Tisch als Gesamtheit. Genauso wird bei den hinteren Ebenen gearbeitet. Querrohr und Lasche haben keine Überschneidungen und beschreiben die Querverbindung als Ganzes. So ergibt die Summe der hinteren Ebene die nächste vorgelagerte Ebene, ohne dass für deren Beschreibung ein Aspekt fehlt.

Wenn man einen komplexen Sachverhalt (zum Beispiel den Umsatz eines Unternehmens) ähnlich wie in diesem einfachen Beispiel zerlegt, erhält man am Ende des Baumes alle Faktoren, die den Sachverhalt in irgendeiner Weise beeinflussen. Über die Struktur des Baumes kann man sehr genau den Wirkungsweg jedes Faktors verfolgen und seine Auswirkungen quantifizieren.

2.14 Die Gewinn- und Verlustrechnung

Die Gewinn- und Verlustrechnung (GuV), auch Erfolgsrechnung genannt, ist eine Aufwands- und Ertragsrechnung.

Während die Bilanz den Erfolg zu einem Zeitpunkt (Bilanzstichtag) durch Saldierung von Aktiva und Passiva ermittelt, werden in der Gewinn- und Verlustrechnung die betrieblichen Aufwendungen mit den betrieblichen Erträgen eines Jahres oder einer Abrechnungsperiode saldiert. Das bedeutet, dass nur wirklich in diesem Zeitraum getätigte Ausgaben beziehungsweise in diesem Zeitraum angefallene Einnahmen berücksichtigt werden und nicht wie in der Bilanz Stichtagsvergleiche vorgenommen werden.

In der folgenden Abbildung sind auf der linken Seite die Ausgaben und auf der rechten Seite die Einnahmen dargestellt. Durch Gegenüberstellung der jeweiligen Summen erhält man den Gewinn beziehungsweise den Verlust der Periode.

Ausgaben	Gewinn- und Verlustrechnung	Einnahmen

Betriebsaufwand

		Betriebsleistung	
1. Löhne und		1. Umsatzerlös	150.000
Gehälter	40.000	2. Endbestand an	
2. Materialbedarf	30.000	Halb- und Fertig-	
3. Bürobedarf	5.000	Produkte	50.000
4. Abschreibungen	10.000		200.000
5. Zinsen	5.000	3. Anfangsbe-	
6. Sonstiges	10.000	stand an Halb-	
Summe	100.000	und Fertig-	
Gewinn	80.000	produkte	-20.000
Summe	180.000	Summe	180.000

Abbildung 12: Beispiel einer Gewinn- und Verlustrechnung

Auf Grund dieser Darstellung erlaubt die Gewinn- und Verlustrechnung nicht nur den Erfolg als Saldo zu ermitteln, sondern sie macht auch deutlich, wodurch der Erfolg oder eben der Misserfolg entstanden ist. Dadurch wird dem Unternehmer ermöglicht, eine Entwicklung zu erkennen und dieser bei Bedarf entgegenzuwirken.

2.15 Die Bilanz

Die Bilanz gibt Außenstehenden Informationen darüber, wie ein Unternehmen finanziert ist (Passiva) und wie das bezogene Kapital investiert wurde (Aktiva).[47] Sie ist somit eine Gegenüberstellung von Vermögen und Kapital an einem Stichtag. Das Vermögen bilden alle im Betrieb eingesetzten Wirtschaftsgüter und Geldmittel, wogegen die Kapitalseite aus Eigenkapital und Schulden des Unternehmens gegenüber Beteiligten und Gläubigern besteht.

Grob betrachtet hat die Bilanz vier große Posten. Auf der Aktivseite befinden sich das Umlaufvermögen und das Anlagevermögen, auf der Passivseite Eigenkapital und Fremdkapital. Abbildung 12 zeigt den Formalaufbau einer Bilanz.[48]

– *Anlagevermögen*: Mobilien wie Maschinen, Fuhrpark und Computersysteme sowie Immobilien wie Grundstücke und Gebäude sind materieller Bestandteil des Anlagevermögens. Weiterhin zählen immaterielle Posten (zum Beispiel Patente, Lizenzen) und Finanzanlagen wie Beteiligungen und Wertpapiere zu diesem Posten. Anlagevermögen kann in der Regel nicht kurzfristig verkauft werden.

– *Umlaufvermögen*: Die Werte des Umlaufvermögens sind kurzfristig verfügbar und beinhalten Vorräte (Roh-, Hilfs- und Betriebsstoffe sowie Halb- und Fertigfabrikate), Forderungen aller Art, kurzfristig liquidierbare Wertpapiere und Zahlungsmittel (Bank-, Kassa- und Postbestände).

– *Eigenkapital*: Das Eigenkapital ist das gesamte von den Eigentümern des Unternehmens zur Verfügung gestellte Kapital. Der Ausweis des Eigenkapitals wird stark von der Rechtsform des Unternehmens beeinflusst.

– *Fremdkapital*: Das Fremdkapital setzt sich aus dem Unternehmen von Dritten überlassenen Mitteln zusammen. Man unterscheidet hier zwischen kurzfristigem und langfristigem Fremdkapital. Alle Verbindlichkeiten, die innerhalb eines Jahres beglichen werden müssen, werden als kurzfristig eingestuft. Langfristiges Fremdkapital kann aus Kapitalformen wie Hypotheken und Bankdarlehen bestehen.

Aktiva	Bilanz zum 31.12. ...	Passiva
Anlagevermögen		**Eigenkapital**
Sachanlagen		
Immaterielle Anlagen		
Finanzanlagen		
Umlaufvermögen		**Fremdkapital**
Vorräte		langfristige Verbindlichkeiten
Forderungen		
Wertpapiere		kurzfristige Verbindlichkeiten
Zahlungsmittel		
Rechnungsabgrenzungsposten		Rechnungsabgrenzungsposten
Bilanzsumme		**Bilanzsumme**

Abbildung 13: Vereinfachtes Beispiel einer Bilanz

Die Verhältnisse zwischen Umlauf- und Anlagevermögen beziehungsweise Eigen- und Fremdkapital sind abhängig von der Branche und der Größe des Unternehmens. Ziel sollte jedoch sein, langfristiges Vermögen mit langfristigem Kapital und kurzfristiges Vermögen mit kurzfristigem Kapital zu decken.

2.16 Cash-flow-Analyse

Unter dem Begriff Cash-flow versteht man den in einer Periode erfolgswirksam erwirtschafteten Zahlungsmittelüberschuss eines Unternehmens.[49]

Diese Stromgröße wird aus den Daten des Jahresabschlusses (Bilanz & GuV) des Unternehmens abgeleitet und stellt somit einen Indi-kator für die Innenfinanzierungskraft des Unternehmens dar.

Die jeweiligen Ergebnisse der unterschiedlichen Arten des Cash-flow werden innerhalb der Cash-flow-Analyse berechnet. Die

Vorgehensweise zur Durchführung der Cash-flow-Analyse wird im Folgenden verdeutlicht:

Netto-Umsatzerlöse

./. Materialaufwand

./. Löhne & Gehälter (inkl. soziale Abgaben)

./. Steuern

./. Δ erforderliches Betriebskapital

= **Net operating Cash-flow**

./. Rückzahlung von Fremdmitteln

./. Zinszahlungen

+ erhaltene Rückzahlungen aus Krediten

+ erhaltene Zinszahlungen, Dividenenzahlungen

= **vorläufig verfügbare Mittel für Ausschüttung und Investition**

+ Ausgabe von Aktien, Obligationen etc.

+ Aufnahme anderer langfristiger Fremdmittel

./. Rückkauf von Obligationen

./. Tilgung von Fremdmitteln

./. Investitionsauszahlungen

+ Verkauf von Gegenständen des Anlagevermögens

./. Dividendenzahlungen

= **Gesamter Cash-flow**

+ Δ kurzfristige Verbindlichkeiten

./. Δ Wertpapiere des Umlaufvermögens, Forderungen an Banken, etc.

= Δ **Kasse (im engeren Sinne)**

Die Cash-flow-Analyse ermöglicht also

- genaue Analysen und gute Einsichten in die Aktivitäten von Unternehmen.

- Darüber hinaus gelingt es dem Benutzer, eine durch Kennzahlen fundierte Basis für weitere Analysen zu schaffen,

- wobei man sich jedoch des mangelnden prospektiven Aussage-wertes der Cash-flow-Analyse bewusst sein muss, da sie nur historische finanzielle Daten verarbeitet.

3. Methoden/Analysewerkzeuge

Nachdem Sie nun die Grundkonzepte kennen gelernt haben, kann die Fallstudienarbeit fast schon beginnen – wären da nicht die hohen Anforderungen an die Strukturierung der Fallstudienlösung.

Um also sein wirtschaftliches Know-how in die Fälle einbringen zu können, ohne den Gesamtüberblick bei der Problemlösung zu verlieren, ist es notwendig, das jeweilige Problem vor der Bearbeitung in seine einzelnen Komponenten und Aspekte zu untergliedern.

Leider gibt es keine Standardvorgehensweise, um Fallstudien zu strukturieren und zu bearbeiten. Allerdings existiert eine Reihe von hilfreichen Methoden und Analysewerkzeugen, die je nach Fragestellung den geeigneten Rahmen für die Bearbeitung schaffen.

Die Basiskonzepte werden unabhängig voneinander dargestellt. Der Leser kann somit die für ihn nicht interessanten Analysemethoden überblättern, ohne spätere Verständnisprobleme befürchten zu müssen.

Diese Modularität erleichtert auch das Fallstudientraining, indem bei der Fallbearbeitung gezielt auf die jeweils relevanten Analysemethoden zurückgegriffen werden kann.

Die Methoden und Analysewerkzeuge werden in sich geschlossen erläutert und enden alle mit einer kurzen Zusammenfassung, in der die Anwendungsmöglichkeiten dargestellt werden.

Zur umfassenden Vorbereitung auf Interviews bei Unternehmensberatungen sollten dem Leser allerdings alle hier besprochenen Methoden und Analysewerkzeuge bekannt sein, so dass er in der Lage ist, für alle im nächsten Kapitel dargestellten Fallstudiengrundtypen Lösungsansätze aufzeigen zu können.

3.1 Das Vier-C-Konzept (4 Cs)

Das Vier-C-Konzept eignet sich zur ersten Untersuchung des Kerngeschäftes eines Unternehmens (vgl. Abb. 14).

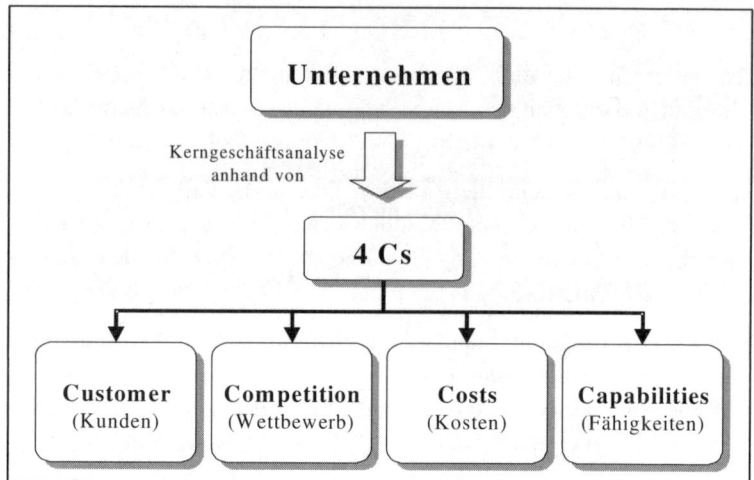

Abbildung 14: Kerngeschäftsanalyse eines Unternehmens anhand der vier Cs

Dieses Konzept orientiert sich an folgenden Kriterien:

I. Kunden (Customer)

In diesem ersten Bereich stellen sich generell die Fragen nach den Eigenschaften und der Struktur des Kundenstammes. Beispiele für derartige Fragestellungen sind:

– Befindet sich das Unternehmen in einem Verkäufer- oder Käufermarkt?[50]

– Wie groß ist die Anzahl der Stammkunden?

– Existieren Besonderheiten bezüglich der Kundenbedürfnisse?

– Nach welchen Kriterien können Kunden segmentiert werden?

II. Wettbewerb (Competition)

Das wettbewerbliche Umfeld eines Unternehmens ist bei der Analyse des Kerngeschäftes von elementarer Bedeutung. Als exemplarische Fragestellungen ergeben sich hier:

– Wie umkämpft ist der Markt im Kerngeschäft des Unternehmens?

– Existiert die Gefahr von neu eintretenden Konkurrenten?

– Welche Markteintritts- und -austrittsbarrieren gibt es?

– Wie viele und welche Konkurrenten gibt es, und wie stark sind sie?

III. Kosten (Costs)

Die Kostenstruktur und deren Entwicklung im Zeitablauf, bezogen auf das Unternehmen und die gesamte Branche, werden hier hinterfragt. Fragen in diesem Bereich sind zum Beispiel:

– Welches sind die entscheidenden Kostentreiber?

– Welche Einflussmöglichkeiten auf diese Kostentreiber gibt es?

– Wie haben sich die Kostentreiber in der Vergangenheit entwickelt?

IV. Fähigkeiten (Capabilities)

Zur Beurteilung der Wettbewerbsfähigkeit des betrachteten Unternehmens stellt sich die Frage nach der Art und Anzahl der Wettbewerbsvorteile innerhalb des Unternehmens (falls vorhanden). Des Weiteren ist es wichtig, zu erfahren, welche weiteren Entwicklungspotenziale ausgeschöpft beziehungsweise welche Fähigkeiten verbessert werden können (Verbesserungspotenziale).

Somit kann zusammenfassend zur Anwendung dieses Modells für die Analyse festgehalten werden, dass die vier Cs

– nur zur ersten oberflächlichen Betrachtung eines Unternehmens beziehungsweise einer Branche dienen und

- nur schwer bei der Analyse von diversifizierten Unternehmen angewendet werden können,

- somit bei ihrer Anwendung keine tief schürfenden und revolutionären Einsichten liefern, aber dennoch

- zur strukturierten Darstellung eines Unternehmens anhand ihrer bestimmenden Grundelemente beitragen und dadurch

- dem Bewerber bei der Aufdeckung elementarer Konflikte und Schnittstellen helfen.

3.2 Das Five-Forces-Modell

Die Analyse und das Verstehen von aktuellen Entwicklungen in Branchen und deren Attraktivität ist eine beliebte Fragestellung, anhand derer sowohl Fachkenntnisse als auch die Fähigkeit, komplexe Probleme strukturiert zu lösen, geprüft werden.

Für diese Branchenbetrachtung eignet sich der im Folgenden beschriebene Five-Forces-Ansatz (deutsch: fünf Kräfte) von Michael Porter.[51]

Organisationen werden direkt durch mindestens fünf Einflussfaktoren tangiert, deren Zusammenwirken in der folgenden Abbildung dargestellt wird.

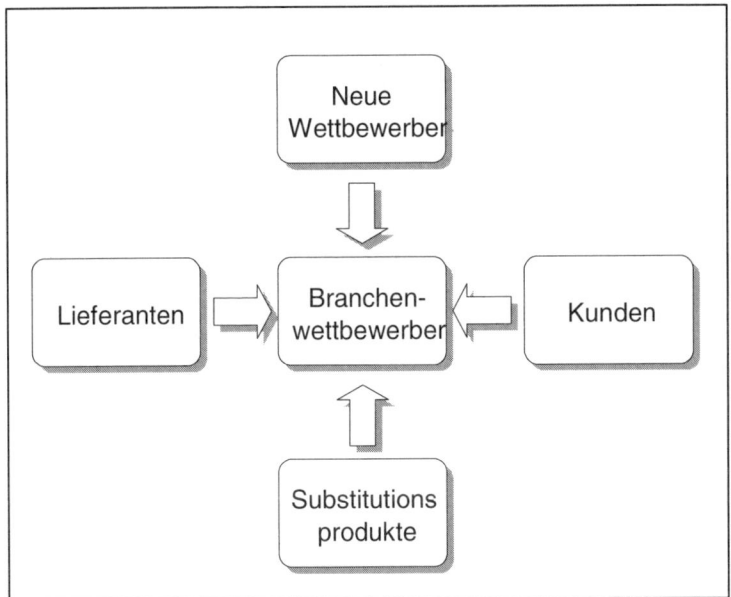

Abbildung 15: Das Five-Forces-Modell von Michael Porter

Dieses Zusammenspiel einzelner Faktoren beeinflusst langfristig die Attraktivität der jeweiligen Branche und dadurch auch einen Teil der Profitabilität von Unternehmen. Bevor strategische Entscheidungen für die Zukunft der Unternehmen getroffen werden, müssen deshalb die fünf Faktoren zunächst einzeln und anschließend deren kombinierte Auswirkungen und Gewicht analysiert und interpretiert werden.

I. Branchenwettbewerber

Meist hat dieser Einflussfaktor die größte Bedeutung der fünf Faktoren. Die Rivalität zwischen bereits in einer Branche tätigen Unternehmen und deren Positionskämpfe um Marktanteile und Wettbewerbsvorteile bestimmen den Einfluss auf das Unternehmen. Die existierende Konkurrenz kann zu Preiskämpfen, Werbe- schlachten, erweiterten Kundenservice- sowie Garantieversprechen und Produkt- beziehungsweise Service-Verbesserungen führen.

II. Neue Wettbewerber

Die Gefahr, dass neue Wettbewerber auf dem Markt erscheinen, erhöht sich mit steigender Attraktivität der jeweiligen Branche. Bei Betrachtung der Gewinnprognosen sind die Branchen am attraktivsten, bei denen hohe Eintritts- und niedrige Austrittsbarrieren existieren. In diesem Szenario können nur einige (wenige) neue Wettbewerber in den Markt einsteigen und weniger erfolgreiche Unternehmen leicht aus dem Markt aussteigen. Um die Höhe der Markteintrittsbarrieren für die jeweilige Branche zu analysieren, bieten sich die vier Faktoren *Größenvorteile (Economies of Scale)*, *Produktdifferenzierung*, *Kapitalbedarf* und *regulative Eingriffe des Staates* an. Exemplarisch werden kurz der Kapitalbedarf und die regulativen Eingriffe des Staates erläutert.

Der *Kapitalbedarf* beinhaltet den Bedarf an Finanzmitteln, um die Grundinvestitionen, wie zum Beispiel den Kauf der Produktionsanlage, zu tätigen und die Kosten des laufenden Geschäftsbetriebes zu decken.

Für die Gründung eines Software-Unternehmens genügen vereinfacht ausgedrückt ein Computersystem für wenige tausend Mark und die gute Idee, während für die Gründung einer internationalen Fluglinie enormes Kapital notwendig ist.

Die *regulativen Eingriffe* des Staates variieren ebenfalls sehr stark im Branchenvergleich. Es macht einen großen Unterschied, ob ein von der Regierung gesichertes Monopol besteht, wie zum Beispiel im Telekommunikationsmarkt in Deutschland vor 1998, oder ob der Markt völlig dereguliert ist, wie zum Beispiel der Markt von Fluggesellschaften in den USA.

III. Substitutionsprodukte

Die Gefahren, die von Substitutionsprodukten für das einzelne Unternehmen ausgehen, sind umso größer, je geringer die Wechselkosten (switching costs) für die Abnehmer und je größer der Glaube an die qualitative Gleichwertigkeit der Substitutionsprodukte sind.

Technologischer Fortschritt, verschärfter Wettbewerb und Substitutionsprodukte führen in der Regel zu fallenden Preisen und sinkenden Gewinnen in einer Branche.

Werden Substitutionsprodukte auf dem Markt angeboten, sinkt der Nutzen des eigenen Produktes für den Kunden, bis es möglicherweise überflüssig wird.

IV. Lieferanten

Die Lieferantenmacht ist umso größer, je konzentrierter und organisierter die Lieferanten auf dem Beschaffungsmarkt auftreten. Sie wird durch weitere Faktoren wie zum Beispiel die mangelnden Substitutionsmöglichkeiten des Produktes, hohe Wechselkosten auf einen anderen Zulieferer und die Wichtigkeit des Einsatzstoffes für die Produktion verstärkt. Diese Lieferantenmacht äußert sich in der Einflussmöglichkeit, die Preise für die angebotenen Güter und Dienstleistungen zu erhöhen beziehungsweise in der Fähigkeit, den Erfolg eines Abnehmers durch die Zuverlässigkeit der Lieferungen und deren Qualität essenziell zu beeinflussen. Dem kann durch gute Lieferantenbeziehungen und Verhandlungen mit mehreren Zulieferern entgegengewirkt werden.

V. Kunden

Kunden gewinnen einen stärkeren Einfluss bei der Branchenbetrachtung, wenn sie in der Lage sind, Preissenkungen, Qualitäts- und Service-Verbesserungen und sonstige für sie vorteilhafte Lieferkonditionen durchzusetzen und sie dadurch konkurrierende Lieferanten gegeneinander ausspielen können. Die Macht der Käufer ist umso größer, je undifferenzierter das Produkt ist, je geringer die Wechselkosten zu einem anderen Anbieter sind, je konzentrierter und organisierter die Kunden auftreten et cetera.

Langfristig muss das Ziel des Anbieters sein, derart überlegene und einzigartige Produkte und Dienstleistungen anzubieten, die die Käufer nachfragen und nicht substituieren können.

Bei der Bearbeitung einer Fallstudie mit Hilfe dieses Rahmenkonzeptes stellt der Bewerber sicher, dass

- die wichtigsten Einflussfaktoren auf die Attraktivität und die Entwicklung einer Branche betrachtet werden,

- die essenziellen Problemfelder innerhalb eines und damit die relative Stärke des einzelnen Faktors angesprochen wird und

- durch eine abschließende Bewertung des Gesamteinflusses der Faktoren die Grundlagen für zukünftige strategische Entscheidungen geschaffen wurden.

3.3 SWOT-Analyse

Die Kernkompetenzen (Core Competences) werden als der zentrale Erfolgsfaktor von Unternehmen angesehen. Sie beinhalten die für den Erfolg des Unternehmens verantwortlichen Leistungen und differenzieren das betrachtete Unternehmen von anderen Marktteilnehmern. Um diese Kernkompetenzen und die daraus resultierenden Wettbewerbsvorteile zu identifizieren, ist eine strukturierte Analyse der Unternehmung unerlässlich. Zur Unterstützung der Vorgehens-weise bietet sich eine Vielzahl von Rahmenkonzepten an. Zu den hervorzuhebenden Analysewerkzeugen zählt die SWOT-Analyse[52], die aus einer internen und externen Betrachtung des Unternehmens besteht. Der Begriff SWOT steht hierbei für:

- **S** trenghts (Stärken)

- **W** eaknesses (Schwächen)

- **O** pportunities (Chancen)

- **T** hreats (Gefahren)

Der Betrachter erhält durch die SWOT-Analyse einen vollständigen Überblick über die auf internen Ressourcen und Strukturen basierenden Stärken und Schwächen eines Unternehmens und gleichzeitig über die Möglichkeiten und Gefahren, mit denen das Unternehmen auf den Märkten konfrontiert wird.

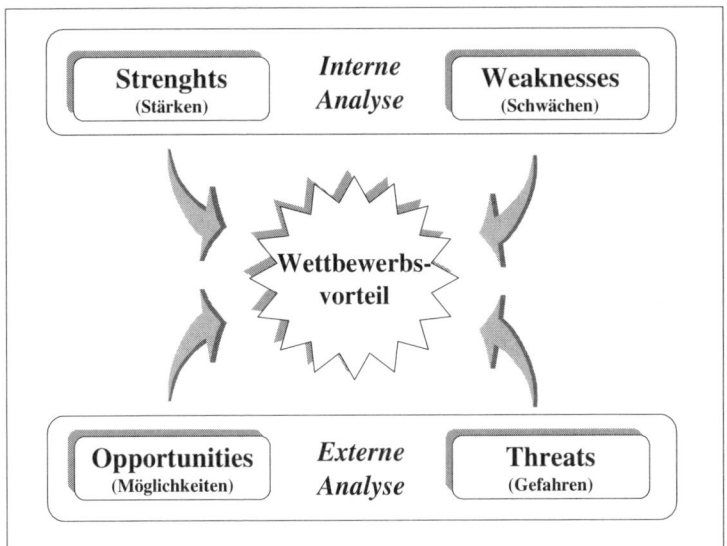

Abbildung 16: Die SWOT-Analyse

I. Interne Analyse

Das Ziel der internen Analyse ist die Identifikation der Stärken und Schwächen eines Unternehmens. Diese Untersuchung und die Berücksichtigung der Ergebnisse sind von elementarer Bedeutung für die strategische Planung.

Der erste Schritt besteht aus der Ermittlung relevanter Leistungsdaten des Unternehmens und beinhaltet die Analyse der Fähigkeiten in Bereichen wie Marketing, Finanzen, Fertigung und Personal. (Zur strukturierten Untersuchung dieser Hard-Facts des Unternehmens siehe auch das in diesem Kapitel besprochene Konzept der Wertschöpfungskette von Porter.)

Darüber hinaus müssen zusätzlich Soft-Facts mit einbezogen werden, die die Leistungsfähigkeit des Unternehmens beeinflussen. Als wichtigster Faktor soll hier lediglich die Unternehmenskultur mit ihren motivierenden oder hemmenden Einflüssen auf die Mitarbeiterproduktivität angeführt werden. Die gesammelten Ergebnisse müssen anhand vorher festgelegter Kriterien sorgfältig evaluiert und diagnostiziert werden. Dies ist die Voraussetzung für die Identifikation der relevanten Stärken und Schwächen eines Unternehmens.

Die ermittelten Stärken des Unternehmens sollten genutzt und im Vergleich zu denen der Wettbewerber intensiviert werden. Im Gegensatz dazu gilt es, die identifizierten Schwächen – wenn möglich – zu beseitigen, um dadurch für das Unternehmen entstehende Schäden zu minimieren.

II. Externe Analyse

Bei der externen Analyse fokussiert der Betrachter das gesamte Umfeld, in dem das Unternehmen agiert. Das beinhaltet eine Analyse der Wettbewerber, der Marktstruktur und der Dynamik des Marktes.

Bei der Untersuchung der Wettbewerber folgt auf die Identifikation die Bewertung

- der Marktposition und Marktmacht,

- der Ressourcen und Kernkompetenzen,

- der Stärken und Schwächen der betrachteten Unternehmen.

Chancen und Risiken liegen einerseits im aktuellen Markt mit seiner spezifischen Struktur, andererseits aber auch in neuen Märkten, neuen Technologien, demographischen Veränderungen und regulatorischen beziehungsweise politischen Entwicklungen.

Die Struktur des Marktes variiert unter anderem bezüglich der Anzahl der Marktteilnehmer und deren Verhalten, der Markteintritts- und -austrittsbarrieren und der von den Unternehmen erstellten Leistungsarten. Für eine Analyse des Marktes stellen die Größe, der Trend und die Marktanteile der sich auf dem Markt befindlichen Wettbewerber wertvolle Charakteristika dar.

Die Evaluierung des Marktes ist die Grundvoraussetzung, um die eigenen Leistungen optimal auf die Erfordernisse der vielen Marktfaktoren auszurichten.

Die externe Analyse sollte dem Betrachter einen guten Überblick über die Möglichkeiten und die Risiken eines Marktes geben. Bei der Ermittlung der Möglichkeiten müssen die Erfolgswahrscheinlichkeiten zwingend Beachtung finden. Außerdem muss sich der Analytiker die Gefahren des Marktes bewusst machen.

Erst die Kombination der internen und externen Analyseergebnisse gibt endgültige und richtungsweisende Hinweise zur Formulierung der Unternehmensstrategie. Der Aufbau und der Erhalt von dauerhaften Wettbewerbsvorteilen bildet eine zugrundeliegende Zielsetzung bei der strategischen Ausrichtung des Unternehmens.

Die Nutzung der SWOT-Analyse als Rahmenkonzept hilft dem Bewerber bei der Bearbeitung durch

– eine strukturierte Erfassung und Evaluierung der Stärken und Schwächen eines Unternehmens,

– das Erkennen der Möglichkeiten und Risiken eines Unternehmens,

– eine Erleichterung des Verständnisses der für die Fallstudie relevanten Wettbewerbsfaktoren.

Somit stellt die SWOT-Analyse die informationelle Basis für die den Ergebnissen folgenden analytischen Schlussfolgerungen dar.

3.4 Die vier Ps und vier Cs des Marketing-Mix

Bei der Vermarktung von Produkten und Dienstleistungen ist es hilfreich, die Hauptdimensionen der absatzpolitischen Instrumente anhand des Vier-P-Modells (Product, Price, Place und Promotion) von McCarthy[53] zu betrachten. Das Vier-C-Konzept des Marketing von Robert Lauternborn[54] stellt eine sinnvolle Ergänzung des Vier-P-Konzeptes dar. Durch die simultane Anwendung beider Konzepte ergibt sich ein abgerundetes Gesamtbild.

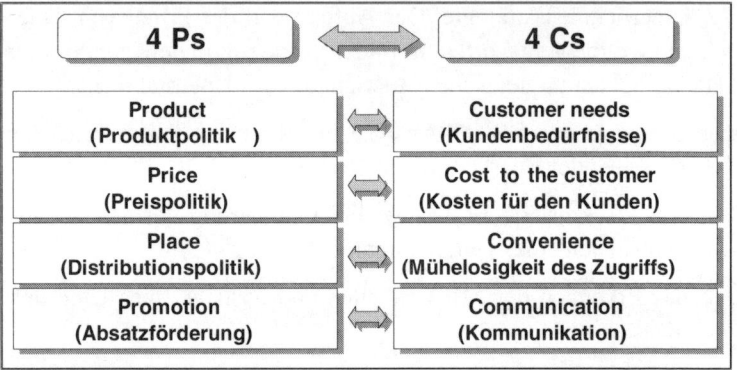

Abbildung 17: Die vier Ps von McCarthy & die vier Cs von Lauternborn

Wie aus der Abbildung ersichtlich ist, wird den einzelnen Elementen des Vier-P-Konzepts jeweils ein korrespondierender Aspekt hinsichtlich des Nutzens für den Kunden zugeordnet:

I. Produktpolitik (Product)

Hierbei handelt es sich um das eigentliche Produkt- oder Dienstleistungsangebot auf dem Markt. Dies beinhaltet die Qualität, Breite und Tiefe des Angebots, die Ausstattungselemente, das Markenimage, die Verpackung, das Angebot von Kundendiensten und die Übernahme von Garantieleistungen.

II. Kundenbedürfnisse (Customer needs)

Hier stellt sich die Frage, ob und wie die Produkt- und Dienstleistungsausgestaltung auf die Kundenbedürfnisse eingeht.

III. Preispolitik (Price)

Parameter in diesem Instrument sind zum Beispiel die Festlegung von Preisstrategien, die Gewährung von Rabatten und Nachlässen, das Einräumen von Zahlungszielen und das Einräumen von Finanzierungsmöglichkeiten bei Kauf des Angebots.

IV. Kosten für den Kunden (Cost to the customer)

Folgende Fragestellungen sollten hier betrachtet werden:

- Sind die Produktpreise dem Produktnutzen für den Kunden angemessen?

- Welchen Betrag ist der Kunde bereit, für ein Produkt zu zahlen?

- Welche anderen Kosten entstehen dem Kunden bei der Beschaffung?

V. Distributionspolitik (Place)

Die Distributionspolitik umfasst unter anderem die Wahl der Absatzwege und der Vertriebsformen (Distributionskanäle), das Management des Vertriebs und die physische Warenlogistik.

VI. Mühelosigkeit des Zugriffs (Convenience)

Exemplarisch kann hier betrachtet werden:

- Sind die Kundenwünsche und -anforderungen mühelos erfüllbar?

- Ist der Zugriff auf das Produkt einfach und schnell für den Kunden möglich?

- Wie erreicht die primäre Zielgruppe das Produkt?

- Wie lässt sich dieser Zugriff erleichtern?

VII. Absatzförderung (Promotion)

In diesem Teil des Marketing-Mix geht es unter anderem um die Ausgestaltung der klassischen Werbung, die Wahl der Werbemittel, die Gestaltung des persönlichen Verkaufs, der Verkaufsförderungsaktionen, des Sponsoring und den großen Bereich der Öffentlichkeitsarbeit.

VIII. Kommunikation (Communication)

Der Bearbeiter sollte sich folgende Fragen stellen:

- Wird der Kunde von der Promotion erfolgreich angesprochen?

- Werden sowohl seine emotionalen[55] als auch seine informativen[56] Ansprüche an die Angebotspräsentation erfüllt?

Der Einsatz und das effektive Zusammenspiel der einzelnen Marketing-Mix-Instrumente erfordern sowohl eine genaue Planung des Mitteleinsatzes als auch die gegenseitige Abstimmung des Einsatzes dieser aufeinander.

Da die hier aufgeführten Faktoren eine Vielzahl von Elementen und Handlungsalternativen enthalten, ist die praktische Umsetzung der Abstimmungsbemühungen durchaus nicht trivial. Die Menge der möglichen Kombinationen steigt mit der Anzahl der einzelnen Handlungsalternativen exponenziell.

Zusammenfassend lassen sich beim Bearbeiten eines Falles anhand der verschmolzenen Konzepte von McCarthy und Lauternborn

- die möglichen unternehmensspezifischen Problemfelder innerhalb des Marketing-Mix strukturiert erarbeiten,

- eine für ausgewählte Kundensegmente im Einklang zur Unternehmensstrategie stehende individuelle Marketing-Strategie konzipieren,

- die Gesamtwirkung und die Abstimmung der einzelnen Instrumente kritisch hinterfragen und

- die Effizienz und die Zielausrichtung dieser Instrumente über-prüfen sowie

- deren Wirkung auf den Kunden evaluieren.

3.5 Portfolioanalyse: Boston-Consulting-Group-Matrix

Viele Unternehmen wachsen über die Jahre nicht nur in ihrem Stammbereich, sondern erweitern auch die angebotene Produktpalette und die Anzahl der Märkte und Industrien, in denen sie agieren. Mit steigender Komplexität der Unternehmensaktivitäten gestaltet sich der Entscheidungsprozess für das Management als zunehmend schwieriger. Zur Unterstützung der Entscheidungsfindung bezüglich der Entwicklung von strategischen Geschäftseinheiten ist ein Rahmenkonzept wie die Portfolioanalyse hilfreich.

In der Portfolioanalyse werden verschiedene strategische Geschäftseinheiten (Strategic Business Units) oder Projekte anhand von zwei Dimensionen differenziert dargestellt und ihre weitere Entwicklung diskutiert. Diese Vorgehensweise dient der Komplexitätsreduktion und vereinfacht die Entscheidungsfindung.

An strategische Geschäftseinheiten werden einige elementare Forderungen gestellt. Neben der klaren Abgrenzbarkeit und der Unabhängigkeit voneinander sollten sie flexible Einheiten im Unternehmen und auf den Märkten darstellen.

In den vergangenen Jahren wurde eine Vielzahl von verschiedenen Portfoliomatrizen zur Analyse entwickelt. Hervorzuheben sind die Entwicklungen von Peter Drucker, Arthur D. Little, McKinsey und der Boston Consulting Group. Die Wahl der Portfoliomatrix ist von entscheidender Bedeutung, da jede Matrix einen Kompromiss zwischen einer Menge von Zielvorstellungen darstellt.

Auf Grund ihrer weiten Verbreitung wird die Boston-Consulting-Group-Matrix[57] im Folgenden differenzierter dargestellt. Sie basiert auf der Marktattraktivität und der relativen Wettbewerbsstärke als Maßstäbe zur Gruppierung von strategischen Geschäftseinheiten.

In Abbildung 18 wird die Wettbewerbsstärke auf der x-Achse durch den relativen Marktanteil ausgedrückt. In diesem Zusammenhang wird der relative Marktanteil durch das Verhältnis zwischen dem eigenen Marktanteil und dem des größten Wettbewerbers dargestellt. Somit ist eine Geschäftseinheit mit einem Wert größer als 1 Marktführer in ihrem Bereich. Dieser Richtwert steht in positiver Korrelation zur Profitabilität.[58]

Auf der y-Achse wird die Marktattraktivität durch das Marktwachstum repräsentiert. Diese Größe wird maßgeblich durch die Produktlebenskurve (siehe Kapitel 2) beeinflusst und hat enorme Auswirkungen auf die Allokation von Unternehmensressourcen wie zum Beispiel das Kapital.

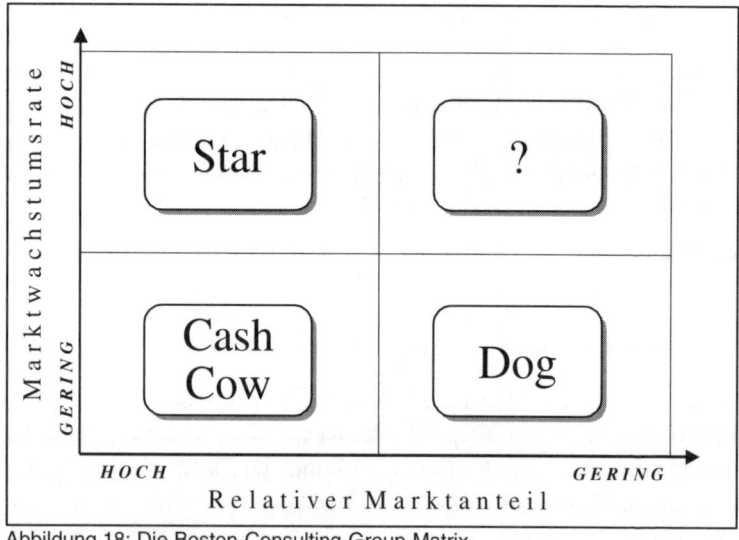

Abbildung 18: Die Boston-Consulting-Group-Matrix

Aus der Kombination beider Achsen ergibt sich eine pragmatische 2x2-Matrix, in die die strategischen Geschäftseinheiten eingruppiert werden. Jede dieser Zellen beinhaltet eigene Normstrategien.

I. Cash Cow

Die linke untere Zelle der Matrix beinhaltet die „Cash Cows" des Unternehmens. Diese sind durch einen hohen Marktanteil in Märkten mit geringem Wachstum gekennzeichnet. Die strategischen Geschäftseinheiten agieren in ihren Märkten mit einer hohen Profitabilität und benötigen einen relativ geringen Einsatz an Ressourcen. Die darauf aufbauende Strategie beinhaltet die Erhaltung der Marktposition und das Abschöpfen der Erträge. Diese Einheiten erwirtschaften die für die Entwicklung anderer Geschäftseinheiten benötigten Ressourcen.

II. Star

Der „Star" ist eine strategische Geschäftseinheit, die in Märkten mit einer hohen Wachstumsrate als Marktführer agiert. Ziel des Unternehmens sollte die Erhaltung der Marktposition sein, was mit einem hohen Einsatz an Ressourcen einhergeht. Die gegenwärtige und zukünftige Profitabilität dieser strategischen Geschäftseinheiten ist als hoch einzuschätzen. Es ist wahrscheinlich, dass die Stars in Zukunft, mit Fortschreiten im Produktlebenszyklus, zu Cash Cows migrieren.

III. Dog

Die rechte untere Zelle beinhaltet die „Dogs" der strategischen Geschäftseinheiten, die durch einen geringen Marktanteil in Märkten mit einer geringen Wachstumsrate gekennzeichnet sind. In der Regel verbrauchen die Dogs einen nicht unerheblichen Teil der Ressourcen und agieren unprofitabel. Kurzfristig sollten die Erträge dieser Objekte abgeschöpft, mittelfristig jedoch insgesamt desinvestiert werden.

IV. Question Mark

Die „Question Marks" der strategischen Geschäftseinheiten operieren in Märkten mit einer hohen Wachstumsrate, besitzen aber lediglich einen geringen Marktanteil. Bei dem Versuch, die Marktposition auszubauen, wird ein hoher Einsatz an Ressourcen zwingend. Das Unternehmen steht vor der Entscheidung, durch hohe Investitionen die Marktführerschaft anzustreben oder zu desinvestieren. Bei der Entscheidung müssen die zur Verfügung stehenden Ressourcen und die mit der Vorgehensweise verbundenen Risiken besondere Beachtung finden.

Der Vorteil der Boston-Consulting-Group-Matrix liegt in der Berücksichtigung des Marktwettbewerbs und der eindeutigen Kategorisierung der strategischen Geschäftseinheiten. Von Vorteil ist weiterhin die operationale Quantifizierbarkeit der beiden Größen zur Einordung der Entscheidungsobjekte. Allerdings kann das Unternehmen selbst nur horizontale Bewegungen der Geschäftseinheiten direkt beeinflussen.

Für den Bewerber stellt die BCG-Matrix ein gutes Analysewerkzeug dar, das

- eine strukturierte Kategorisierung und

- Evaluierung von strategischen Geschäftseinheiten sowie

- die Entwicklung von Strategien für diese Entscheidungsobjekte

beinhaltet.

3.6 Die Wertschöpfungskette

Viele Fallstudien stellen das Unternehmen, seine Aktivitäten und seinen Aufbau in den Mittelpunkt der Betrachtung.

Generell lassen sich die Aktivitäten eines Unternehmens auf den Märkten und in der Produktion in aggregierter Form durch die folgende Abbildung visualisieren:

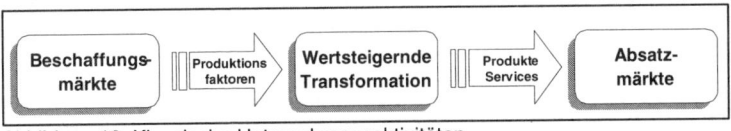

Abbildung 19: Klassische Unternehmensaktivitäten

Auf den Beschaffungsmärkten erhält die Unternehmung die für die Erstellung der betrieblichen Leistung notwendigen Produktionsfaktoren wie Kapital, Material und Personal. In einer wertsteigernden Transformation werden diese Produktionsfaktoren in Produkte und Dienstleistungen umgewandelt. Diese werden auf den Absatzmärkten an die Kunden verkauft. Die erstellten Produkte und Dienstleistungen können als Produktionsfaktoren in weitere wertsteigernde Prozesse anderer Unternehmen eingehen.

Zur strukturierten Betrachtung der Unternehmung, die sowohl interne als auch externe Einflussfaktoren berücksichtigt, bietet sich das Rahmenkonzept der Wertschöpfungskette (Value Chain) von Michael Porter[59] an.

Die Wertschöpfungskette differenziert grob zwischen den primären und den sekundären Aktivitäten. Die fünf primären Aktivitäten beinhalten die eigentliche Erstellung der Produkte und Dienstleistung vom Eingang der Produktionsfaktoren über die Produktion bis hin zum auf den Verkauf folgenden Service. Die vier sekundären Aktivitäten umfassen die die betriebliche Leistungserstellung unterstützenden Tätigkeiten.

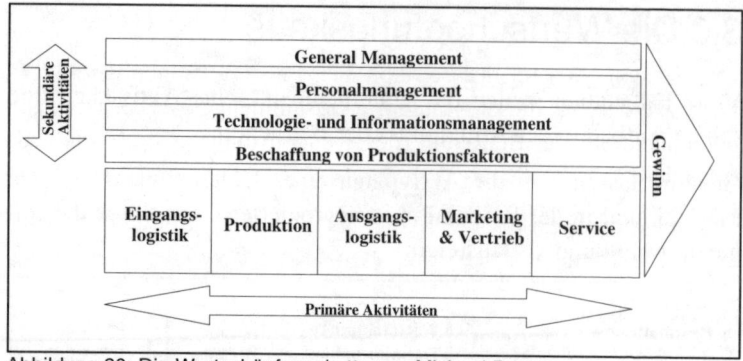

Abbildung 20: Die Wertschöpfungskette von Michael Porter

Die fünf primären Aktivitäten werden im Folgenden erläutert.

I. Eingangslogistik

Die Eingangslogistik beinhaltet den Eingang, die Kontrolle, die Lagerung und den Weitertransport von Einsatzmengen für die betriebliche Leistungserstellung.

II. Produktion

Die Produktion enthält die eigentliche wertsteigernde Transformation der Produktionsfaktoren zur betrieblichen Leistung. Dazu zählen neben der Bearbeitung der Eingangsmengen unter anderem auch die Qualitätsprüfung und die Wartung der Betriebsmittel.

III. Ausgangslogistik

Zur Ausgangslogistik gehören die Lagerung und Distribution der betrieblichen Leistung an die Kunden.

IV. Marketing & Vertrieb

Dieser primäre Bereich eines Unternehmens beinhaltet die Gesamtheit aller Aktivitäten, die auf den Verkauf der Produkte und Dienstleistungen, wie zum Beispiel die Werbung, ausgerichtet sind.

V. Service

Die auf den Verkauf der betrieblichen Leistung folgenden Aktivitäten werden in dieser Kategorie zusammengefasst. Dazu zählt unter anderem die Betreuung des Kunden und die Lieferung von Ersatzteilen.

Die sekundären Aktivitäten, die abteilungsübergreifende Effekte haben, bestehen aus den folgenden vier differenzierbaren Bereichen:

I. General Management

Das General Management agiert abteilungsübergreifend und ist für den Aufbau der für die betriebliche Tätigkeit nötigen Infrastruktur verantwortlich. Zu diesem Aufgabenbereich zählen unter anderem die Festlegung der Unternehmensziele, die Verteilung der Ressourcen, die Formulierung der Strategien zur Erreichung dieser Ziele und die Unternehmensführung generell.

II. Personalmanagement

Zum Personalmanagement zählen nicht nur die Bedarfsermittlung, die Rekrutierung, der Einsatz, die Freisetzung und die Entlohnung des betrieblichen Personals, sondern auch Weiterbildungen und Trainings.

III. Technologie- und Informationsmanagement

Dieser Unternehmenszweig umfasst neben dem Aufbau von Netzwerken die Speicherung und Verwaltung von Wissen und Daten, denn dem Wissens- und Datenmanagement kommt eine immer größere Bedeutung zu. Die Möglichkeit des unternehmensweiten Zugriffs auf Informationen, die Konsistenz der Daten und flexible Auswertungsformen sind von enormer Wichtigkeit.

IV. Beschaffung von Produktionsfaktoren

Dieser sekundäre Bereich beinhaltet alle Aktivitäten, die im Zusammenhang mit der Kommunikation und der Koordination zwischen Unternehmen und Lieferanten von Produktionsfaktoren stehen.

In jedem der genannten Bereiche können Schwachstellen bestehen, die die Effektivität der Gesamtunternehmung reduzieren. Die Analyse anhand der Wertschöpfungskette eignet sich zur Schwachstellenfindung und zur Überprüfung, in welchem Maße die primären Aktivitäten von den sekundären sinnvoll unterstützt werden. Besonders die Schnittstellen zwischen den Bereichen müssen einer intensiven Prüfung unterzogen werden, um einen reibungslosen Ablauf des gesamten Wertschöpfungsprozesses ohne Wartezeiten zu ermöglichen.

Bei der strukturierten Bearbeitung einer Fallstudie mit Hilfe dieses Rahmenkonzeptes erhält der Bewerber in relativ kurzer Zeit einen guten Überblick über

–   die einzelnen Aktivitäten der betrachteten Unternehmen und deren Interdependenzen,

–   die kritischen Schnittstellen sowohl innerhalb des Unternehmens als auch zu externen Partnern, und

–   er findet dadurch Ansätze zur Analyse der Kostenstruktur und Verbesserungspotenziale.

3.7 Die drei generischen Strategien

Folgt man den Ausführungen Michael Porters[60], lassen sich Geschäftsstrategien in das Streben nach Kostenführerschaft (Overall Cost Leadership), Differenzierung (Differentiation) und Konzentration (Focus) unterteilen.

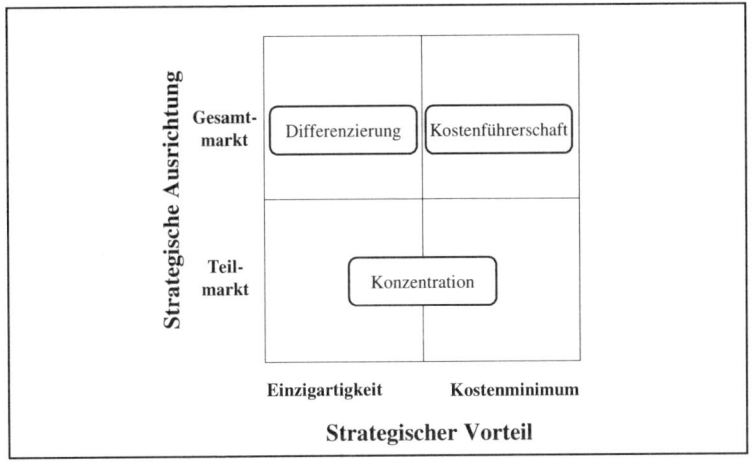

Abbildung 21: Die drei generischen Strategien von Michael Porter

Das Modell Porters wird als generisch bezeichnet, da es auf jede Art von Organisation angewendet werden kann, unabhängig davon, ob diese aus dem Industrie-, dem Dienstleistungs- oder dem Non-Profit-Sektor stammt.

Abbildung 21 unterscheidet auf der vertikalen Achse, bei der strategischen Ausrichtung, ob die angebotenen Güter und Dienstleitungen auf dem gesamten (Branchen-)Markt angeboten werden oder nur auf einem Teilmarkt, also einer Branchennische.

Auf der horizontalen Achse der Abbildung, dem Bereich des strategischen Vorteils, wird dargestellt, auf welcher Basis die angebotenen Güter und Dienstleistungen auf den Märkten wahrgenommen werden sollen. Dabei ist zwischen den beiden Extremen „vom Kunden wahrgenommene Einzigartigkeit" und „geringe Kosten (Kostenminimum) für den Kunden" zu unterscheiden. Durch die Kombination dieser beiden Variablen – Strategische Ausrichtung und Strategischer Vorteil – ergeben sich somit drei logische Strategien: Die Differenzierungsstrategie, die Strategie der Kostenführerschaft und die Konzentrationsstrategie (Fokussierung). Die einzelnen Aspekte dieser Strategien werden im Folgenden kurz erläutert:

I. Differenzierung

Die Differenzierungsstrategie stellt den Wettbewerb mit allen Unternehmen einer Branche bei gleichzeitigem Angebot einer vom Kunden als einzigartig empfundenen Leistung in den Vordergrund. In der Realität wird versucht, diese individuell empfundene Leistung durch Beeinflussung der Kundenwahrnehmung und/oder Anbieten wirklicher Unterschiede zu den Konkurrenzprodukten zu erreichen. Diese Strategie ist besonders in der Automobilbranche sehr beliebt, wo zum Beispiel durch innovatives Produktdesign (BMW) oder mit einem einmaligen Markenimage (Mercedes Benz) geworben wird. Ein großer Nachteil dieser Strategie besteht darin, dass die Konkurrenz in der Regel relativ einfach – von einem langsam, aber stetig gewachsenen Markenimage abgesehen – dazu übergehen kann, die Besonderheit des jeweiligen Produktes zu übernehmen, so dass diese nicht mehr als Mittel zur Differenzierung dienen kann.

II. Kostenführerschaft

Bei der Strategie der Kostenführerschaft steht der Preis des angebotenen Gutes oder der Dienstleistung im Vordergrund. Hier wird ebenfalls mit allen Anbietern der Branche konkurriert, wobei allerdings ein vergleichbares Produkt zum selben oder niedrigeren Preis als dem der Konkurrenz angeboten wird. Grundgedanken dieser Strategie sind die Effizienz (zum Beispiel durch Business Reengineering) und Kostenminimierung (zum Beispiel Überlegungen zu Economies Of Scale, Kostenreduzierung bei Forschung und Entwicklung, im Vertrieb oder bei der Werbung, et cetera). Die Kernkompetenz bei Firmen mit dieser Strategieausrichtung liegt daher eher in den Bereichen Einkauf, Produktion und Logistik als beispielsweise im Marketing. Im Beispiel der Automobilindustrie ist die Strategie der Kostenführerschaft historisch vor allem bei den asiatischen Automarken zu finden. Um mit dieser Strategie erfolgreich am Markt operieren zu können, sind in der Regel hohe Absatzzahlen und/oder ein starkes Marktwachstum nötig.

Der Nachteil und das Risiko dieser Strategie liegen in der von Wettbewerbern ständig drohenden Gefahr, mit geringeren Kosten zu produzieren und somit auch die Produkte billiger am Markt anbieten zu können. Das Ziel eines Unternehmens mit einer solchen Ausrichtung muss es also sein, der Produzent mit den geringsten Produktionskosten zu sein.

III. Konzentration

Mit Konzentration ist in diesem Zusammenhang die Beschränkung des Angebots auf einen Nischenmarkt gemeint, wobei die angebotenen Güter und Dienstleistungen entweder vom Kunden als einzigartig empfunden werden sollen und/oder durch den niedrigen Preis für Käufer bestechen oder beides. Die Konzentrationsstrategie beinhaltet die Aktivitäten der Differenzierungs- und der Kostenführerschaftsstrategie. In diesem Fall werden die am Markt abzusetzenden Leistungen allerdings auf die speziellen Bedürfnisse einer ausgewählten Käufergruppe ausgerichtet. Andere potenzielle Kunden werden in der Regel bewusst vernachlässigt. In der Automobilbranche lassen sich als Beispiele für diese Strategie am ehesten Hersteller aus dem Luxuslimousinen- und Sportwagenbereich anführen.

Im Allgemeinen werden sich Unternehmen mit begrenzten Ressourcen für eine der beiden Varianten der Konzentrationsstrategie entscheiden, während Unternehmen mit einer großen Anzahl an Ressourcen und einer breiten Produktpalette verschiedene Mischformen der drei Strategien nebeneinander verfolgen können.

Nach Porter bilden Unternehmen, welche dieselben Strategien verfolgen, eine strategische Gruppe, wobei diejenige Firma, die diese Strategie am besten verwirklicht, auch den größten Profit dieser Gruppe erzielt.

Bei der Anwendung dieses Rahmenkonzeptes erhält der Bearbeiter

- Einblicke in die geplante und tatsächliche strategische Ausrichtung des untersuchten Unternehmens und

- kann dadurch strategische Mängel aufdecken.

- Darüber hinaus lassen sich erste Einblicke in die Struktur einer Branche und deren essenzielle strategische Bewegungen gewinnen.

3.8 Das QHAR-Konzept

Das QHAR-Konzept ist ein Gedankenmodell, das sich hervorragend dazu einsetzten lässt, Probleme jeglicher Art anhand formulierter Hypothesen zielorientiert anzugehen. Es eignet sich aber auch speziell für den Fall, dass der Bewerber als fiktiver Berater einer Unternehmensberatung ein Projekt mit einem potenziellen Kunden besprechen muss und ein erstes Angebot für dieses Projekt vorlegen soll.

Dies beinhaltet in der Regel sowohl die Erörterung, wie sich der Problemstellung methodisch genähert werden soll, als auch die dazu notwendigen Analysen und Ressourcen (sowohl aus personeller als auch aus Datensicht), die für dieses Projekt benötigt werden.

Das Grobkonzept des QHAR-Ansatzes wird aus folgender Abbildung ersichtlich:

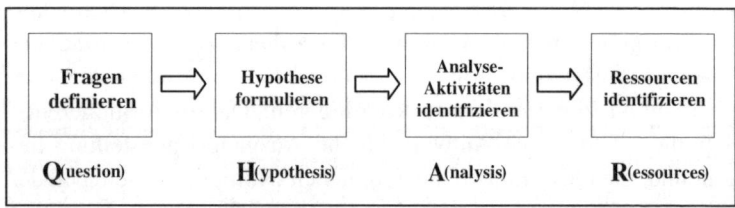

Abbildung 22: Das QHAR-Konzept

Die einzelnen Schritte, die benötigt werden, um ein gegebenes Problem strukturiert lösen zu können, werden im Folgenden dargestellt:

I. Q(uestion)

Um zu vermeiden, sich bei einer groben Aufgabenstellung „Hals über Kopf" an die Arbeit zu machen und hinterher festzustellen, einen großen Teil der anfänglichen Arbeit umsonst gemacht beziehungsweise ihn nicht zielorientiert bearbeitet zu haben, sollte sich der Bewerber Gedanken zur Struktur des Problems machen. Aus diesen Überlegungen sollten sich dann eine oder mehrere essentielle Fragen ergeben, wobei die eine oder andere auf die konkrete Situation abzielen sollte, um genau in Erfahrung bringen zu können, was der Hintergrund für das Vorliegende ist. Eine weitere wichtige Frage beschäftigt sich mit eventuellen Komplikationen, die bei der Problemlösung auftreten könnten. Hier sollen Faktoren, die eng mit dem zu lösenden Problem zusammenhängen, erkannt und in die Problemlösung mit einbezogen werden. Abschließend ist es unerlässlich, die genauen Fragestellungen (was sind die Ziele, was die Vorstellungen?), die der Klient durch das Angebotene bearbeiten möchte, zu hinterfragen. Dieser konkrete Abgleich der Vorstellungen und Erwartungen ermöglicht, dass alle Beteiligten an diesem Projekt von Anfang an „in die gleiche Richtung laufen", da das Fehlen von Klarheit bei der Formulierung der zu bearbeitenden Fragestellung ein häufiger Grund für unnötige Analysearbeit und nicht erfüllte Klientenerwartungen ist.

II. H(ypothesis)

Das Formulieren einer konkreten Hypothese zur Erklärung der Ausgangsfragestellung soll es erleichtern, die notwendige Analysearbeit direkt zielorientiert zu koordinieren. Die zu formulierende Hypothese sollte eine Antwort auf die Ausgangsfragestellung liefern und gleichzeitig auf die möglichen Komplikationen bei der Lösungsfindung und -umsetzung eingehen. Des Weiteren sollten die Annahmen, aus denen sich die Hypothese zusammensetzt, das

Problem erschöpfend erfassen und so formuliert sein, dass die Gesamthypothese im Falle der Richtigkeit aller Annahmen wahr ist. Bei diesen Basisannahmen können ergänzend, je nach Komplexität der Aufgabenstellung, auch weitere sekundäre Annahmen hinterlegt werden, die dann auf einer tieferen Ebene nachgeprüft werden müssen. Zur kompletten und methodisch einwandfreien Abarbeitung der einzelnen primären und sekundären Annahmen bieten sich besonders gut die bereits im vorigen Kapitel besprochenen logischen Baumstrukturen an.

III. A(nalysis)

Nachdem nun die essenziellen Fragen erkannt und die ihnen zugrunde liegenden tieferen Zusammenhänge in Form einer durch Annahmen beweisbaren Hypothese erarbeitet wurden, müssen im nächsten Schritt die notwendigen Analysen begonnen werden. Dies bedeutet, dass den zu ergründenden Annahmen der Hypothese eine spezielle Analyse (zum Beispiel Befragungen, Berechnungen, et cetera) zugeordnet werden muss, und somit die Anzahl der verschiedenen Analysen ermittelt wird. Ergänzend werden durch diesen Analyse-Annahmen-Plan Redundanzen und Korrelationen zwischen den einzelnen Analysen leichter ersichtlich. Auf diesen Erkenntnissen aufbauend muss ein erster grober Analysezeitplan erstellt werden, um in der nächsten Phase den Zeit- und Personalbedarf möglichst genau abschätzen zu können.

IV. R(essources)

Nachdem in den bereits beschriebenen Problemlösungs- und Projektstrukturierungsphasen die nötigen Vorarbeiten erledigt wurden, muss nunmehr ein detaillierter Plan aufgestellt werden. Dieser gibt den durchzuführenden Analyse-Aktivitäten der einzelnen Komponenten des Gesamtproblems genaue zeitliche Vorgaben und die voraussichtlich benötigte Arbeitszeit vor. Des Weiteren beinhaltet der Plan, sofern bereits vorhanden, erste Anforderungen an weitere benötigte Ressourcen wie zum Beispiel notwendige Daten oder Interviewpartner. Somit ergibt sich abschließend ein Gesamtbild der anstehenden Analyse-Tätigkeiten und anfallenden Arbeitsbelastung. Darauf basierend lassen sich fundierte zeitliche Angaben hinsichtlich erster Ergebnisse und des Abschlusses der Problembearbeitung treffen.

Abschließend bleibt bei der Verwendung dieses Toolsets durch den Bewerber festzuhalten, dass

–   generell Problemstellungen jeglicher Art mittels des QHAR-Ansatzes strukturiert werden können und

–   sich dieses Konzept darüber hinaus speziell zur Erstellung eines ersten Projektplans zur Bearbeitung einer Aufgabenstellung eignet.

Diese Vorgehensweise bei der Erstellung eines ersten „Projektangebotes" ermöglicht einen generellen Überblick über die zu betrachtenden Felder der Problemstellung, ist allerdings zielstrebig und fokussiert genug, um erste allgemeine Empfehlungen hinsichtlich der Projektgestalt und -dauer zu machen.

3.9 Der Businessplan

Erfolgreiche Unternehmensgründungen tragen unter anderem zur Senkung der Arbeitslosenzahlen bei. Allerdings reicht es nicht aus, eine gute Idee zu haben, sondern sie muss auch erfolgreich in die Praxis umgesetzt werden. Leider scheitern viele Unternehmensgründer an der mangelhaften Planung im Vorfeld der eigentlichen Gründung.

Im Businessplan werden die Gründer vorgestellt, ihre Geschäftsidee detailliert beschrieben, das eigene Unternehmen in die Wettbewerbssituation eingeordnet und einige Szenarien für die kurz- und mittelfristige Geschäftstätigkeit durchdacht. Ein ausgefeilter Businessplan macht den Sprung in die Selbstständigkeit leichter, denn Kapitalgeber können anhand des Planes besser beurteilen, ob sie die Idee unterstützen und ob die Planung realistisch erscheint.

Im Businessplan sollte man sich ohne umfangreiches Analyse- oder Datenmaterial auf das Wesentliche beschränken, um dem Leser die Möglichkeit zu geben, schnell Antworten auf seine Fragen zu finden.

Der Businessplan sollte aus den folgenden acht Teilen bestehen:[61]

I. Zusammenfassung

Die Zusammenfassung beinhaltet die Beschreibung der Geschäftsidee, das heißt Erläuterungen zum Produkt oder zur Dienstleistung, zu potenziellen Märkten und zum Kapitalbedarf. Dabei ist es sehr wichtig, den besonderen Nutzen des Produktes für den Kunden herauszustellen. Außerdem muss der Leser von der persönlichen Kompetenz des Gründers überzeugt werden. Die Ziele sollten ambitiös, aber dennoch realistisch dargestellt werden.

II. Unternehmen

In diesem Abschnitt wird die Organisationsstruktur des Unternehmens beschrieben. Den einzelnen Gründern oder Geschäftspartnern werden ihre späteren Aufgaben und Verantwortungsbereiche zugeteilt. Auch die Rechtsform des zu gründenden Unternehmens wird genannt und deren Wahl begründet.

III. Produkt/Dienstleistung

Hier werden detaillierte Aussagen über das Produkt beziehungsweise die Dienstleistung getroffen. Es muss dem Leser klar werden, was das neue Produkt denen der Konkurrenz überlegen macht und wie dies den potenziellen Kunden beigebracht werden kann. Das eigene Produkt muss mit denen der Wettbewerber verglichen, und Unterschiede sowie die Überlegenheit des eigenen Produktes müssen herausgearbeitet werden. Außerdem müssen Aussagen über den Entwicklungsstand des Produktes getroffen und die Produktionsweise beschrieben werden.

IV. Branche/Markt

Der Markt muss in all seinen Komponenten untersucht werden. Hierfür eignet sich ein Vorgehen anhand der an anderer Stelle beschriebenen Porters *Five Forces*. Bei der Analyse sollte auf externe Informationsquellen wie Marktstatistiken zurückgegriffen werden, um ein realistisches und glaubwürdiges Bild aufzubauen. Ist der Markt ausführlich beleuchtet, muss eine Einordnung der Wettbewerber und deren spezifischer Stärken und Schwächen erfolgen. Dabei darf nicht vergessen werden, das eigene Unternehmen in die Marktgegebenheiten einzuordnen – so spielt beispielsweise die Standortwahl eine wichtige Rolle.

V. Marketing/Vertrieb

Auf irgendeinem Weg muss das Produkt zu den Kunden gelangen. Deshalb muss man hier beschreiben, wie man in den Markt eintreten will und wie das Vertriebskonzept des Unternehmens aussehen soll. Die Positionierung des Produktes, die Höhe des Preises und die Vertriebskanäle sind Faktoren, mit denen man den Erfolg der Gründung signifikant beeinflussen kann. Auch die geplanten, genau auf die Wirkung des Produktes oder der Dienstleistung abgestimmten Marketing-Instrumente, etwa die Werbung, müssen genannt werden.

VI. Unternehmensleitung

Die Kapitalgeber wollen sich von der Kompetenz der Unternehmensleitung überzeugen. Dazu müssen die Geschäftsführer fachliches und unternehmerisches Know-how und gewisse Branchenerfahrung mitbringen. Alles, was die Unternehmensleitung für den Erfolg des Unternehmens bieten kann, muss hier genannt werden.

VII. Dreijahresplanung

In diesem Abschnitt wird die konkrete Geschäftstätigkeit kurz- und mittelfristig geplant. Man muss sich über die personellen Ressourcen Gedanken machen und sicherstellen, dass ausreichend Mitarbeiter mit den entsprechenden Qualifikationen zur Verfügung stehen. Zu dieser Planung gehört auch eine solide Investitions- und Liquiditätsplanung, das heißt, wie viel Kapital man zu welchem Zeitpunkt benötigt und ab wann mit Rückflüssen durch den Verkauf der Produkte oder Dienstleistungen zu rechnen ist. Hierbei müssen alle Chancen und Risiken, denen das Unternehmen in der nächsten Zeit gegenübersteht, sorgfältig bewertet und eingearbeitet werden.

VIII. Kapitalbedarf

Auf der Dreijahresplanung aufbauend werden mögliche Kapitalquellen untersucht. Grundsätzlich muss man sich je nach den eigenen Möglichkeiten für eine Finanzierung durch Eigenkapital oder Fremdkapital entscheiden.

Im Anhang sollte detaillierteres Informationsmaterial wie Grafiken (zum Beispiel Organigramme) oder wichtige Nebenrechnungen vorhanden sein.

Insgesamt bietet der Businessplan dem Bearbeiter einer Fallstudie eine strukturierte Vorgehensweise bei der Analyse sämtlicher Aspekte einer Existenzgründung oder einer Unternehmensexpansion.

3.10 Das Gesamtkonzept

Nach der Betrachtung der einzelnen für die Fallstudienbearbeitung potenziell relevanten Analysewerkzeuge besteht neben dem Erlernen und Verinnerlichen der einzelnen Methoden in der Integration der einzelnen Werkzeuge zu einem einsatzbereiten „Werkzeugkasten" eine weitere, im Zweifelsfall anspruchsvollere Leistung. An dieser Stelle soll ein Vorschlag für die Gestaltung eines Gesamtkonzeptes, das auf in diesem Kapitel bereits behandelten Modellen basiert, geliefert werden. Dieses in unzähligen Interviewsituationen bewährte „Rezept" erhebt allerdings wiederum weder Anspruch auf Vollständigkeit noch auf eine garantierte Problemlösungskompetenz, es soll dem Leser vielmehr die Schnittstellen, Redundanzen und potenziellen Anwendungszusammenhänge der charakterisierten Methoden im Überblick darlegen. Abbildung 23 visualisiert dieses Gesamtkonzept.

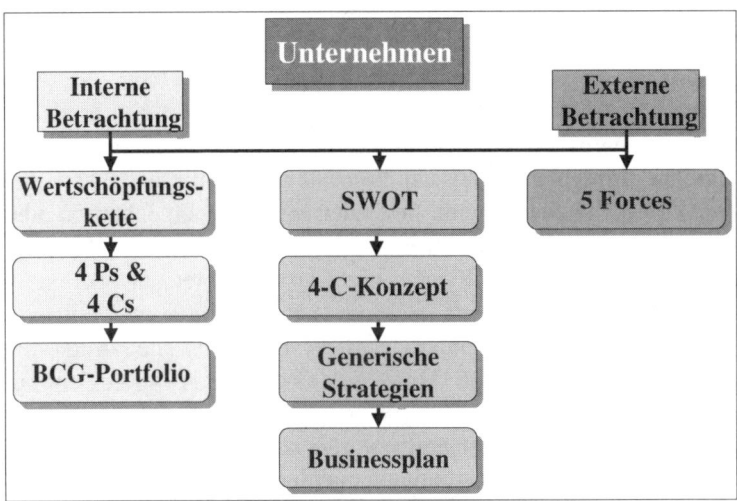

Abbildung 23: Das Gesamtkonzept zur Lösung von Case-Studies

Im Mittelpunkt eines Großteils der Fallstudien, von Denksport- und Kreativitätsaufgaben einmal abgesehen, stehen Betrachtungen des Unternehmens und seiner Aufgabenumwelt.

Wird primär das Unternehmen, wie z.B. bei Profitabilitätsanalysen, betrachtet, so bietet es sich an, die Lösung der Fallstudie zumindest partiell anhand des linken der Äste in der Darstellung zu strukturieren. Prinzipiell liegt es also bei Überlegungen hinsichtlich der aktuellen und zukünftigen Leistungsfähigkeit des Unternehmens nahe, das gesamte Unternehmen anhand des Konzeptes der Wertschöpfungskette zu analysieren. Bei Fragestellungen zur Vermarktung und Kundenausrichtung der Unternehmensleistungen erweist sich das komprimierte Modell der 4 Ps und 4 Cs an. Bei der Betrachtung und Entscheidung der aktuellen und zukünftigen

Ausrichtung der Unternehmensleistungen hat sich die BCG-Portfolio-Matrix als hilfreich erwiesen.

Diametral steht dem die Betrachtung des Unternehmensumfeldes, welches durch die Anwendung des Konzeptes der Five Forces am äußerst rechten Ast der Darstellung effizient untersucht werden kann, gegenüber.

Betrachtet die Fallstudie sowohl unternehmensexterne als auch -interne Problemstellungen, so bietet es sich an, die Konzepte des mittleren Astes der Darstellung zu verwenden. Durch die SWOT-Analyse werden einerseits die internen Potenziale betrachtet und andererseits sowohl intern, als auch extern nach Chancen und Gefahren für die Unternehmung gesucht. Das 4-C-Konzept betrachtet einerseits die Kosten- und Leistungspotenzialsituation im Unternehmen, andererseits auch die Anforderungen und Entwicklungstendenzen auf Kunden- und Wettbewerbsseite. Auch die Strategieentwicklung mit Hilfe der Generischen Strategien betrachtet die Leistungs- und Know-how-Potenziale im Unternehmen und setzt diese in Relation zu den Marktanforderungen. Die Erstellung eines Businessplanes erfordert ebenfalls eine Abschätzung der vorhanden Potenziale und Ressourcen, aber ebenso eine Einschätzung und Untersuchung der Marktbedingungen (Kunden, Wettbewerber etc.) und -anforderungen, um fundierte Prognosen der Geschäftsentwicklung zu realisieren.

Das QHAR-Konzept findet in dieser Darstellung keine Beachtung, da es losgelöst von der Analyseart eine potente Vorgehensweise ist, um strukturiert Aufgaben des Projektmanagements und der Problemlösung jeglicher Art zu bearbeiten. Somit ist es als übergeordnetes Prinzip zu verstehen, das universell eingesetzt werden kann.

4. Die Fallstudien-Grundtypen

4.1 Überblick

In den vorhergehenden zwei Kapiteln wurde betriebswirtschaftliches Basiswissen vermittelt, und es wurden einige wichtige Analyse-Methoden und Strukturierungshilfen beschrieben. Nun geht es darum, das Gelesene praktisch anzuwenden.

In diesem Kapitel wird das Vorgehen bei der Lösung einer Fallstudie exemplarisch erläutert. Dabei wird sowohl auf das Basiswissen als auch auf die Analyse-Werkzeuge zurückgegriffen. Durch diesen integrativen Ansatz wird die strukturierte Bearbeitung eines Falles in Verbindung mit der nötigen inhaltlichen Tiefe des Lösungsansatzes gewährleistet. Dieses Kapitel ist so aufgebaut, dass jeweils ein besonders ausführlich besprochener Fall zu „beliebten" Fallstudientypen dargestellt wird. Die Liste erhebt allerdings nicht den Anspruch auf Vollständigkeit; es werden häufig vorkommende Typen genannt. Die Falldiskussion gestaltet sich so, dass vorab einige essenzielle Hintergrundinformationen und die Kernfragestellung angegeben sind. Abschließend werden exemplarische Lösungsansätze zu den jeweiligen Fällen diskutiert – wobei es hier vornehmlich auf die Vorgehensweise und weniger auf das Endergebnis ankommt.

In diesem Kapitel wird für jede Aufgabenstellung eine mögliche Lösung angeboten. Optimalen Nutzen wird der Leser aus den diskutierten Fällen ziehen, wenn er versucht, nach dem Lesen der einzelnen Aufgabenstellungen selbstständig Lösungsansätze für die Fälle zu finden. Man sollte die Aufgabe sorgfältig studieren und sich daraufhin Gedanken über einen Lösungsweg machen. Besteht der gegebene Lösungsvorschlag aus Fragen, sollte man versuchen, vorher selbst eine Liste von Fragen zu erstellen und diese dann mit den angegebenen vergleichen. Auch wenn auf die Fragen keine Antworten gegeben werden, so kann man dennoch versuchen, die Fragen selbstständig zu beantworten.

Besteht der Lösungsvorschlag nicht aus Fragen, sondern ist in Form eines Textes (zum Beispiel eine Konzepterstellung) gegeben, dann sollte der Leser zunächst ein eigenes Konzept erarbeiten und dann erst die Lösung durchlesen. Ganz wichtig ist es, die logische Struktur der gegebenen Lösung nachzuvollziehen und einen ähnlichen Faden in der eigenen Konzeption zu verfolgen.

Bei Verwendung des bereits erarbeiteten Wissens aus den Kapiteln über das Basiswissen und die Analyse-Werkzeuge fällt das zielorientierte Finden von Lösungsansätzen erfahrungsgemäß erheblich leichter.

Der Bewerber sollte sich selbst nicht zum Spezialisten für einen Fallstudientyp machen, sondern versuchen, mit jeder Art zurechtzukommen. Man weiß nie, mit welchem Typ von Fallstudie der Interviewer auf den Bewerber wartet. Und außerdem ist später auch die Praxis sehr heterogen.

Die Vielfalt des strukturellen Aufbaus der möglichen Lösungsansätze verdeutlicht, dass diese nur in den seltensten Fällen nach einem Standardschema ablaufen – dies sollte man nicht außer Acht lassen. Es ist durchaus denkbar, dass der Bewerber einen für den Interviewer gänzlich neuen Weg zur Bearbeitung der Problemstellung findet. Den optimalen Lösungsansatz gibt es in der Regel nicht. Es gilt stets der Grundsatz, dass viele Wege zum Ziel führen. Man muss sich an einem bestimmten Punkt für einen Weg entscheiden, diesen dann aber auch konsequent verfolgen. Diesbezüglich sollte man beachten, dass der Interviewte nicht zwangsläufig eine Unterstützung durch den Interviewer im Sinne einer offensichtlichen Zustimmung zum gewählten Lösungsweg erwarten darf. Vielmehr wird hier verlangt, dass bei Zwischen- und Endergebnissen eine Abschätzung der qualitativen und quantitativen Sinnhaftigkeit durch den Fallstudienbearbeiter erfolgt. Somit wird durch den Bewerber über die analytischen Fähigkeiten hinaus das Verständnis von wirtschaftlichen Zusammenhängen und Dimensionen des Unternehmensalltags demonstriert.

Mit diesen ersten Erfahrungen bei der Fallstudienlösung gewappnet, können Sie Ihre Fähigkeiten im nun folgenden Kapitel anhand weiterer Aufgaben trainieren.

4.2 Einleitung

Eine Fallstudie besteht zunächst aus der Beschreibung einer Situation, in der sich ein Unternehmen befindet. Das beschriebene Unternehmen steht häufig vor einer weit reichenden Entscheidung wie zum Beispiel Expansion oder Diversifikation oder muss im laufenden Geschäft ein Problem bewältigen. Die meisten Fallstudien basieren in abgewandelter Form auf reellen Situationen eines Kunden des Interviewers.

Ziel des Fallstudieninterviews ist es, die Problemlösungsfähigkeiten, also die Basis der Beratung, beim Bewerber zu testen. Allgemein suchen die Beratungen nicht nur nach hervorragenden analytischen Fähigkeiten, sondern auch nach Kreativität, Leadership und persönlichem Antrieb. Bei der Bearbeitung der Fallstudie durch den Bewerber wird besonders auf zwei Qualitäten geachtet:

I. Die Fähigkeit, sich durch Probleme zu denken

Dies beinhaltet einerseits eine klar strukturierte, logische Vorgehensweise, Argumentation und Zusammenfassung, andererseits aber auch einen behänden Umgang mit Zahlen und einen intuitiven Sinn für wirtschaftliche Zusammenhänge. Weiterhin ist es hier von großer Bedeutung, hypothesengetrieben zu denken und daraus Fragen zu formulieren.

II. Die Fähigkeit, Arbeitsbeziehungen aufzubauen

Für den Erfolg in der Fallstudie ist es zwingend notwendig, effektiv zu kommunizieren und auch bei mangelnder Eindeutigkeit der Sachlage zu konkreten Ergebnissen zu kommen.

Es gibt zwei Teile einer Fallbearbeitung: Die *Mechanik* gibt Auskunft darüber, wie man einen Fall strukturiert, und die *Analyse* zeigt, wie man denkt und Probleme löst. Beides ist von enormer Wichtigkeit.

Für die Bearbeitung eines Falles muss man bei der Beschreibung sehr genau zuhören. Es empfiehlt sich, relevante Informationen mitzuschreiben. Um Missverständnisse zu vermeiden, kann man den Inhalt des Falles noch einmal kurz wiederholen. Auch sollten wenige kurze Fragen gestellt werden, um Unklarheiten zu beseitigen. Daraufhin sollte man das Problem, möglicherweise anhand eines Logikbaumes, strukturieren. Auf dieser Basis werden Hypothesen entwickelt und untersucht und am Ende versucht, die eigentliche Problematik zu lösen.

Während der Fallbearbeitung sollte mit dem Interviewer explizit kommuniziert werden, wie man mit dem Fall umzugehen gedenkt. Man darf nicht vergessen, den Interviewer durch den eigenen Problemlösungsansatz zu führen. Deshalb ist die Anwendung eines Rahmenkonzeptes, anhand dessen man den Fall mit dem Interviewer auf einem hohen Abstraktionsniveau durchgeht, empfehlenswert. Nach der Bearbeitung einer Sektion sollten deren Ergebnisse zusammengefasst und Zwischenschlüsse gezogen werden.

Das Zeitmanagement obliegt dem Interviewten. Man braucht keine Angst vor Gesprächspausen zu haben, sofern man diese konstruktiv zur Ausarbeitung des Ansatzes nutzt. Bei einer Fallbearbeitung von 25 Minuten kann man durchaus circa fünf Minuten zur Strukturierung der Aufgabenstellung verwenden. Diese Zeit unterteilt sich in etwa drei Minuten, in denen man das Problem vor seinem geistigen

Auge nachvollzieht, und zwei Minuten, um Aspekte kurz anzudiskutieren und gemeinsam Prioritäten zu setzen. Daraufhin sollte man sich für die Analyse circa 15 Minuten nehmen, um am Ende noch ausreichend Zeit zu haben, die Ergebnisse zusammenzufassen und Schlussfolgerungen zu ziehen. Diese Zeitangaben sind nur grobe Richtwerte und können sich je nach Art des Falles oder Situation stark verschieben.

4.3 Abschätzungsfälle

Aufgabe:

Wie viele Klavierstimmer gibt es in Deutschland?

Lösungsvorschlag:

Der Fall soll das logische und mathematische Denken testen. Es gibt keine richtige Antwort, die Frage ist nur, ob man über realistische Schätzungen zu einem vernünftigen Ergebnis kommt. Die folgenden Zahlen sind Schätzungen und Annahmen.

Die Bundesrepublik Deutschland hat rund 80 Millionen Einwohner. Bei einer durchschnittlichen Anzahl von drei bis vier Personen (hier wird aus rechentechnischen Gründen die Zahl vier angenommen) pro Haushalt ergibt dies circa 20 Millionen Haushalte. Diese können nach Einkommensklassen in gleichmäßige Viertel mit je fünf Millionen Haushalten eingeteilt werden. Grob geschätzt haben 20 % des ersten Viertels ein Klavier, 10 % des zweiten, 5 % des dritten und 0 % des vierten.

Daraus ergibt sich die folgende Tabelle:

Einkommensklasse	Haushalte	% mit Klavier	Zahl d. Klaviere
1.	5 Mio.	20	1,0 Mio.
2.	5 Mio.	10	0,5 Mio.
3.	5 Mio.	5	0,25 Mio.
4.	5 Mio.	0	0

Dies ergibt eine Summe von 1,75 Millionen Klavieren. Nun erfolgt eine Schätzung, wie oft die einzelnen Einkommensklassen ihre Klaviere stimmen lassen. Angenommen, das erste Viertel stimmt sein Klavier einmal pro Jahr, das zweite einmal alle drei Jahre und das dritte einmal alle 10 Jahre. Somit ergeben sich

$$(1 \text{ Mio.} + 500\,000/3 + 250\,000/10) = 1\,191\,667$$

also ungefähr 1,2 Millionen Stimmungen pro Jahr.

Angenommen, ein Klavierstimmer benötigt zwei Stunden für ein Klavier, so stimmt er an einem Acht-Stunden-Tag vier Klaviere. Ein Jahr hat circa 250 Arbeitstage, so dass ein Stimmer in einem Jahr 4 x 250 = 1 000 Klaviere stimmt. Daraus folgt: 1,2 Millionen Stimmungen pro Jahr dividiert durch 1 000 Stimmungen pro Stimmer **ergeben 1 200 benötigte Klavierstimmer.**

4.4 Branchenanalyse

Aufgabe:

Als neues Mitglied im Managementkomitee einer bekannten Strategieberatung will der Neuling versuchen, bei den erfahreneren Kollegen mehr Akzeptanz zu erreichen. Dafür stellt er sich freiwillig zur Verfügung, um die Beratungsindustrie zu analysieren und eine „Strategie 2000" zu entwickeln. Da das nächste Meeting schon bald ansteht, ist es wichtig, möglichst schnell einen ersten Entwurf dieser Strategie zu Papier zu bringen.

Lösungsvorschlag:

Um sich einen Überblick über die Industrie zu verschaffen, bietet sich Porters Five-Forces-Modell an.

I. Rivalität

Die Branche der Management Consultants ist stark fragmentiert. Es tummeln sich viele Anbieter auf dem Beratungsmarkt, ohne dass eine Firma eine entscheidende Marktmacht für sich beanspruchen könnte. Trotzdem gibt es bestimmte Kategorisierungsmerkmale, zu denen unter anderem die folgenden gehören:

– *Spezialisierung*: Manche Beratungen gelten als reine Strategie-beratungen, andere haben ihren Schwerpunkt auf die Informationstechnologie und deren Implementierung gesetzt, und wiederum andere bieten das gesamte Spektrum an.

– *Kunden*: Manche Unternehmen beraten nur die Top 100 Unternehmen des jeweiligen Landes, während sich andere eher auf Mittelständler oder staatliche Institutionen konzentrieren.

– *Reputation und Herkunft*: Es gibt Beratungen, die als solche gegründet wurden und sich im Laufe der Zeit einen hervorragenden Ruf aufgebaut haben, und so genannte Nebeneinsteiger wie beispielsweise die Beratungen der großen Wirtschaftsprüfungsgesellschaften.

– *Ausbildung*: Bestimmte Beratungen sind sehr restriktiv in der Auswahl ihrer Jungberater, rekrutieren nur an den besten Universitäten und Privatschulen und unterstützen den Erwerb weiterer Abschlüsse wie Promotion oder MBA, während andere nicht unbedingt vom Renommee einer Schule auf die Qualitäten der Absolventen schließen und allgemein rekrutieren.

Viele Beratungen pflegen sehr enge Beziehungen zu ihren Kunden, was den Wettbewerb in bestimmten Bereichen limitiert und die Preise auf einem hohen Niveau hält.

II. Neue Anbieter

Es gibt keine hohen Markteintrittsbarrieren. Die Gründung einer Unternehmensberatung erfordert keine hohen Investitionen, der Titel „Unternehmensberater" ist keine geschützte Berufsbezeichnung. Die vorhandenen Firmen haben sehr starke Wachstumsraten und können hohe Margen verzeichnen. Dies reizt natürlich potentielle neue Anbieter, die erfolgreichen vorhandenen Firmen zu imitieren und selbst vom Wachstum der Branche zu profitieren. Dennoch bestehen für neue Anbieter mögliche Hindernisse:

- *Kunden*: Die Beratungshonorare sind enorm hoch, deshalb verlassen sich Kunden häufig lieber auf Firmen mit hervorragender Reputation. Außerdem sind persönliche Beziehungen zwischen Vorstand des Kunden und Partner der Beratung sowie das gegenseitige Vertrauen von enormer Wichtigkeit. Diese Erfolgsfaktoren der Projektakquisition sind für die „Neuen" nicht leicht zu erringen.

- *Berater*: Für hoch qualifizierte Absolventen der Hochschulen oder „Young Professionals", die in die Beratung wechseln wollen, sind bestimmte Namen der Branche mit einem Mythos verbunden. So kann es für einen Newcomer schwer sein, entsprechend qualifizierte Berater zu rekrutieren, wenn sie nicht eine besondere Zusatzleistung bieten (wie zum Beispiel familiäre und freundschaftliche Atmosphäre auf Grund überschaubarer Größe).

III. Substitute

Eine Alternative zu externen Beratungen besteht in der Möglichkeit, interne Beratungsabteilungen zu gründen. Dies lohnt sich anfangs nur für große Unternehmen, die intern so viel Beratungsbedarf haben, dass diese Gruppe ganzjährig beschäftigt werden kann (z. B. Siemens Unternehmensberatung). Einige deutsche Konzerne haben Inhouse-Beratungen als Profit-Center organisiert, die somit ihre Leistung auch extern verkaufen.

IV. Käufermacht

In den letzten Jahren ist das Angebot der Beratung immer der Nachfrage gefolgt, was die Käufermacht verringert. Es stellt sich allerdings die Frage, in welche Dimensionen der Beratungsmarkt noch hineinwachsen soll. Wie lange sind Unternehmen noch bereit und in der Lage, die enormen Kosten für Beratungen zu tragen, und wie wirkt sich ein Rückgang der allgemeinen Konjunktur auf die Auftragslage der Beratungen aus? Einerseits besteht gerade in schwierigen wirtschaftlichen Situationen hoher Beratungsbedarf, doch die potenziellen Kunden verlieren an Finanzkraft. Eine negative Konjunktur könnte sich auf jeden Fall auch negativ auf die Preise der Beratungsbranche auswirken.

V. Lieferantenmacht

Die „Lieferanten" der Beratung sind hoch qualifizierte Universitäts-Absolventen, die hohe Motivation und exzellente analytische Fähigkeiten mitbringen. Eine Beratung ist so gut wie ihre Berater. Außerdem sind Young Professionals, die Industrieerfahrung und Kontakte mitbringen, ebenfalls Lieferanten. Für diese Lieferanten müssen Beratungen den Marktpreis zahlen, um die gewünschten Personen zu bekommen. Der Preis wird hierbei jedoch eher von der Branche selbst als von den Lieferanten bestimmt.

Nach diesem ersten Überblick über die Branche sollten noch andere Punkte wie zum Beispiel die wichtigen Erfolgsfaktoren der Industrie erarbeitet werden. Was hebt die Top-Firmen vom Mittelfeld ab? Welche Firmen haben einen langfristig haltbaren Wettbewerbsvorteil? Wie verkaufen sich die einzelnen Firmen nach außen? Wo liegen die ganz spezifischen Kompetenzen der einzelnen Firmen und wie werden diese dem Kunden bekannt gemacht?

Das Erstellen von Zukunftsszenarios, ein wichtiger Faktor für die Strategieformulierung, ist nicht einfach, und es existiert hierbei keine Eindeutigkeit. Schlüsselpunkte dafür könnten allerdings folgende Überlegungen sein: Welchen Effekt haben Konjunkturschwankungen oder gar eine Rezession auf die Beratungen? Werden die Top-Beratungen in einer anderen Weise betroffen sein als das Mittelfeld? Wird sich das Spektrum der nachgefragten Leistungen verschieben? Wird das Wachstum der Branche gebremst?

4.5 Restrukturierung/Profitabilität

Aufgabe:

Ein Hersteller qualitativ hochwertigen Parfums produziert in fast allen westeuropäischen Ländern für den jeweils nationalen Markt. Zwischen den Märkten unterscheiden sich die Produkte entsprechend der örtlichen Geschmacksrichtungen nur geringfügig. Der Vorstand glaubt, dass die Margen erheblich höher sein könnten, und so wird die Unternehmensberatung beauftragt, Kosteneinsparpotenziale aufzudecken, um die Profitabilitätssituation des Unternehmens zu verbessern.

Lösungsvorschlag:

Hier gibt es sicherlich nicht nur einen Ansatzpunkt, um Kosten zu senken. Deshalb eignet sich die Wertschöpfungskette sehr gut als roter Faden durch die Fallanalyse. Auch hier bietet es sich an, anhand von Fragen die einzelnen Stationen des Unternehmens durchzuarbeiten, um so Aspekte zu finden, bei denen sich eine tiefere Analyse lohnt. Die aufkommenden Fragen könnten wie folgt aussehen:

I. Primäre Aktivitäten

Eingangslogistik:

- Woher bezieht die jeweilige Produktionsstätte die Rohstoffe?

- Sind die Lieferanten europaweit aktiv?

- Beziehen verschiedene Produktionsstätten von den gleichen Lieferanten die Ware?

- Zu welchen Konditionen kaufen die Werke ein?
- Wie automatisiert ist die Eingangslogistik?
- Wie groß sind die Lagerbestände in den einzelnen Werken?

Möglicherweise lässt sich der Einkauf für die einzelnen Werke zentralisieren, um Mengenvorteile zu erzielen. In diesem Zusammenhang müssen allerdings weiter gehende Aspekte einer Zentralisation wie die steigenden Transportkosten durch längere Transportwege betrachtet werden.

Produktion:

- Gibt es bestimmte Gründe, die für die verteilte Produktion gesprochen haben, oder ist das Unternehmen schnell gewachsen?

- Lassen sich die regional unterschiedlichen Produkte auch auf einer Misch- und Abfüllanlage produzieren? Sind die Rezepturen während der Produktion veränderbar?

- In welchen Werken wird zu welchen Kosten produziert?

- Sind die Kostenunterschiede zwischen den Werken nur auf unterschiedliche Lohnniveaus zurückzuführen oder sind Effizienzunterschiede im Prozess vorhanden?

- Lässt sich ein Benchmarking zwischen den Werken durchführen, um Best-in-Class-Prozesse oder Eigenschaften auf andere Werke zu übertragen?

- Wie alt sind die einzelnen Misch- und Abfüllanlagen?

Es sollte überlegt werden, ob einzelne Werke nicht jeweils nur ein Produkt herstellen sollten. So könnten nationale Competence-Center aufgebaut werden, die den ganzen europäischen Markt für ein bestimmtes Produkt mit allen Geschmacksunterschieden beliefern. Dies setzt allerdings voraus, dass während des Produktionsprozesses die Rezepturen leicht geändert werden können, um den unterschiedlichen Bedürfnissen in den einzelnen Verkaufsregionen gerecht zu werden. So müssen die Werke nicht die ganze Produktpalette produzieren, sondern können sich auf ein oder nur einige wenige Produkte konzentrieren und hierfür die Prozesse optimieren.

Die große Kompetenz der Firma liegt in der Konzeption von neuen Duftstoffen und Rezepturen. Der Prozess des Abfüllens und Verpackens in großen Mengen ist möglicherweise nicht gerade die Stärke des Unternehmens. Deshalb sollte eruiert werden, ob es eine wirtschaftlich sinnvolle Alternative gibt, wie zum Beispiel das Abfüllen zu externalisieren. Vielleicht macht es sogar Sinn, andere Teile der eher produktionstechnischen Prozesse durch ein Unternehmen abwickeln zu lassen, welches für seine hochautomatisierten Maschinen und das hervorragende Qualitätsniveau bei den relevanten Prozessen bekannt ist.

Marketing/Vertrieb:

– Welche Vertriebskanäle werden benutzt?

– Welche Margen werden durch die einzelnen Kanäle erwirtschaftet?

– Welche Mengen werden über die Kanäle abgesetzt?

– Besteht ein einheitliches Marketing-Konzept für die einzelnen Länder oder wird regional ein eigenes Marketing entwickelt?

– Welche Mittel der Verkaufsförderung werden eingesetzt?

– Welche Rücklaufquoten haben die einzelnen Mittel der Verkaufsförderung?

– Welche Kundengruppen werden in den einzelnen Ländern angesprochen und welche Bedürfnisse haben sie?

– Haben die Kundengruppen über die Ländergrenzen hinweg ähnliche Eigenschaften und Präferenzen?

Der Kunde vertreibt Duftstoffe der höheren Güteklasse. Verkauft man die Produkte allerdings nur über exklusive Boutiquen, muss man an teuren Standorten jeweils eigene Filialen unterhalten. Dies ließe sich über Verträge mit bekannten Luxusketten umgehen. Allerdings werden in diesen natürlich auch Konkurrenzprodukte verkauft, und es ist schwer, eine eindeutige Loyalität der Niederlassungsleiter aufzubauen. Allerdings sollten die eher massenorientierten Vertriebskanäle nicht unbeachtet gelassen werden. Natürlich soll der Markenname nicht verwässert werden, doch heutzutage werden vermehrt auch luxuriöse Güter in großen Einkaufszentren vertrieben, da hier die Kannibalisierung[62] sehr gering sein dürfte.

Wird in jedem Land ein eigenes Marketing-Konzept erstellt, entstehen dadurch enorme Kosten. Möglicherweise unterscheiden sich die Käufergruppen in ihrem Konsumentenverhalten in den unterschiedlichen Länder nur gering voneinander. Durch das fortschreitende Zusammenwachsen Europas und das Angleichen der Lebensstandards findet eine Homogenisierung des Konsumentenverhaltens ähnlicher Käuferschichten statt. So wäre es möglich, ein europaweites Marken- (European Brand) oder Unternehmensimage (Corporate Image) aufzubauen und gegebenenfalls national geringfügig anzupassen.

Beim Einsatz von absatzfördernden Mitteln lassen sich die Erfahrungen von Pilotmärkten auf den Rest der Absatzgebiete übertragen. So muss nicht jede nationale Organisation selbst die „Trial-and-Error"-Erfahrung machen, sondern kann die Erfahrung und Kompetenz unternehmensweit nutzen.

Ausgangslogistik:

–   Wie viel Ware wird in den Fertigwarenlagern gehalten?

–   Wie kommt die Ware aus dem Werk zum Kunden?

–   Welches Werk hat eine weitgehend optimierte Ausgangslogistik?

–   Lassen sich diese Eigenschaften auf andere übertragen?

–   Wie könnte eine Ausgangslogistik aussehen, wenn jedes Werk nur noch ein Produkt, dieses aber für ganz Europa produziert?

– Unterhält der Kunde einen eigenen Transportfuhrpark oder werden Speditionen in Anspruch genommen?

Hat man sich dafür entschieden, die Werke auf einzelne Produktarten zu spezialisieren, muss ein neues Transportkonzept erstellt werden. Dabei sollte die Lagerhaltung europaweit minimiert werden, und deshalb sollten möglicherweise wenige Zentrallager an günstig gelegene Werke angegliedert werden. Die Lagerhaltung und Auslieferung muss europaweit koordiniert werden, so dass die Transportmittel einen möglichst hohen Auslastungsgrad haben.

Kundendienst:

Duftstoffe sind Produkte, die nicht unbedingt einen besonderen Kundendienst erfordern. Da der Kunde allerdings Produkte der Luxusklasse vertreibt, könnte man sich durch einen besonderen Kundenservice von der Mittelklasse stärker abheben und von den Konkurrenten deutlicher differenzieren. So kann man beispielsweise Stammkunden über Produktentwicklungen oder neue umweltfreundliche Produktionstechniken informieren. Dies verursacht jedoch Kosten und passt daher nicht unbedingt in eine Analyse zur Profitabilitätsverbesserung.

II. Sekundäre Aktivitäten

General Management:

Der Kunde produziert in verschiedenen Ländern in relativ unabhängigen Werken. Für die Zukunft sollten sich die einzelnen Landesorganisationen nicht als eigenständige Unternehmen sehen, sondern müssen eine europaweite Perspektive annehmen. Die Werke sind reine Produktionsstätten, die im Endeffekt nur eine europaweite Verwaltung (General Management) benötigen sollten. Deshalb muss der Overhead-Aufwand in den einzelnen Werken auf ein Minimum reduziert werden. Dazu können Competence Center mit den einzelnen Managementfunktionen aufgebaut werden, die gegebenenfalls auch über die angeschlossenen Länder verteilt werden können. Daraus entstünde eine Netzwerkorganisation, für die eine sehr effektive Kommunikation und Koordination erfolgskritisch ist, die aber auch unter Profitabilitätsgesichtspunkten effizient sein kann.

Personalwirtschaft:

–   Unterhalten die einzelnen Werke eigene Personalabteilungen?
–   Wie wird Personalentwicklung betrieben?

Die Personalarbeit lässt sich sehr gut europaweit zusammenfassen. So können vakante Stellen zentral ausgeschrieben werden, und auch die Beschaffung selbst kann auf europäischer Ebene stattfinden, so dass sich die einzelnen Werke nicht mehr um die Personalentwicklung zu kümmern brauchen. Eine Personalabteilung (Competence-Center), egal welchen Werkes, konzipiert Entwicklungsprogramme, die in allen Ländern angewendet werden. Neben den Kosteneinsparungen fördert dies auch den Aufbau einer Unternehmenskultur - anstelle von landesspezifischen „Werkskulturen".

Der Personaleinsatz lässt sich europaweit sehr flexibel gestalten. Der Überschuss eines Werkes kann den Personalmangel eines anderen kurzfristig ausgleichen. So lässt sich europaweit eine relativ konstante Beschäftigungssituation erreichen.

Technologie:

Um ein effektives, unternehmensweites Controlling zu gewährleisten, sollten in allen Werken einheitliche Informationssysteme verwendet werden, die untereinander vernetzt sind. Nur so kann die Controllingabteilung ständig über die aktuellen Kennziffern der einzelnen Werke informiert sein und gegebenenfalls einleitende Maßnahmen beschließen.

Über ein einheitliches Informationssystem mit integrierter Datenbank, auf die man von jedem Werk aus Zugriff hat, kann ein Unternehmenswissen aufgebaut werden. So profitieren alle Werke von den Erfahrungen der anderen, wenn diese in Form von Berichten und Memos dokumentiert werden. Der Begriff der „lernenden Organisation" wird in diesem Zusammenhang häufig verwendet.

Dieser Punkt wurde schon bezüglich der Rohstoffe für die Produktion im Bereich der Eingangslogistik behandelt. Ähnliche Aspekte kann man auch bei der Beschaffung aller anderen Materialien betrachten.

4.6 Preispolitik-Problem

Aufgabe:

Am späten Freitagnachmittag kommt der Anruf eines völlig verwirrten Kunden. Er ist Herausgeber eines bekannten Modemagazins und hat gerade mit seiner Druckerei telefoniert, die ihm exklusiv ein neues Verfahren, genannt Selektive Buchbindung, angeboten hat. Dieses neue Verfahren ermöglicht dem Herausgeber, die Seiten des Magazins gemäß der demographischen Daten, die man vom einzelnen Leser kennt, individuell zu gestalten. So ist es möglich, eine Werbeanzeige für Rasenmäher in einer Wohn- und Gartenzeitschrift nur in den Ausgaben zu schalten, die an Abonnenten mit eigenen Häusern gesendet werden. Abonnenten in Appartments finden in der ansonsten gleichen Ausgabe eine andere, auf sie zugeschnittene Anzeige. Für die Werbepartner bedeutet dies, dass sie weniger Anzeigen schalten müssen, um die gleiche Anzahl der Zielgruppe zu erreichen. Der Kunde ist von dem Angebot etwas überrumpelt. Einerseits findet er die Idee sehr interessant und würde sie gerne seinen momentanen Werbepartnern anbieten, andererseits überlegt er, ob sich diese Offerte rechnet.

Zusatzinformationen auf Anfrage:

Bevor man eine sinnvolle Analyse starten kann, muss der Bewerber noch einige Informationen bezüglich des Zahlenmaterials erfragen und sich Wissen über das Geschäft des Kunden aneignen.

Die Werbepartner sind natürlich nur bereit, einen höheren Preis zu zahlen, wenn es die Auswertungen der Datenbank ermöglichen, das gewünschte Zielkundensegment zu erkennen.

Aus der Datenbank des Herausgebers ist jedoch nur zu erkennen, welche Abonnenten unter und welche über 70 000 DM verdienen.

Der Einsatz der neuen Technologie kommt natürlich nur bei Abonnenten zum Tragen. Bei Gelegenheitskäufern (zum Beispiel am Kiosk) macht dieses Verfahren keinen Sinn. Deshalb ist es wichtig, Informationen über die Kundenstruktur zu erhalten. Wie groß ist die gesamte Leserschaft, welchen Anteil machen die Abonnenten aus, und wie verteilen sich die Abonnenten auf die zwei Einkommensgruppen?

– Das Magazin erscheint wöchentlich und wird pro Auflage eine Million Male verkauft. Davon werden 80 % der Exemplare an Abonnenten versendet, von denen 25 % unter 70 000 DM verdienen. Das Verhältnis der Einkommensgruppen gilt gleichermaßen für die Gelegenheitskäufe.

Um zu erkennen, ob das neue Verfahren für die Werbepartner von Interesse sein könnte, muss man wissen, welche Zielgruppen die einzelnen Partner erreichen wollen. Welcher Anteil der Werbepartner ist an welchem Kundensegment interessiert?

– Die meisten Partner verkaufen Exklusivmode, so dass 75 % eher an der höheren Einkommensklasse interessiert sind.

Bisher wurde von dem neuen Verfahren nur als Idee gesprochen. Um jedoch eine Kosten-Nutzen-Analyse durchzuführen zu können, muss man die Kostenstrukturen des Werbegeschäfts kennen. Was kostet also diese Selektive Buchbindung, und was wurde bisher vom Herausgeber für das Schalten einer Anzeige in Rechnung gestellt?

– Das Verfahren wird drei Jahre lang exklusiv unserem Kunden angeboten, da die Druckerei das bekannte Magazin nutzen will, um die neue Technik bekannt zu machen. Diese ersten drei Jahre sind für den Herausgeber nicht mit Kosten verbunden.

- Bisher hat der Kunde 50 DM pro tausend Exemplare für eine vollseitige Anzeige in Rechnung gestellt. Das neue Verfahren kann nur für beidseitige Werbung angewendet werden. Eine Vorder- und Rückseite kosten 100 DM pro tausend Exemplare.

Natürlich sind die Werbepartner vertraglich nicht an dieses Magazin gebunden. Es steht ihnen frei, auch Konkurrenzzeitschriften als Kommunikationsmedium zu benutzen. Für die Wahl des Magazins, in dem geworben wird, sind sicherlich die Käufergruppe und damit die Wahrscheinlichkeit für das Erreichen der Zielkundengruppe, das Image des Magazins und der Preis pro Werbeseite entscheidend. Was verlangen also die Konkurrenzmagazine für eine Anzeige, und wie sieht deren Käuferschicht aus?

- Der direkte Mitbewerber verkauft 500 000 Exemplare, von denen circa 100 000 an Abonnenten gehen. Laut einer aktuellen Umfrage eines unabhängigen Marktforschungsinstitutes verdienen alle Leser dieses Magazins über 70 000 DM. Aufgrund der zahlungskräftigen Leserschicht (gut für Werbepartner) verlangt der Herausgeber des Konkurrenzproduktes 70 DM pro tausend Exemplare für eine vollseitige Anzeige.

Lösungsvorschlag:

In dieser Fallstudie geht es um eine Kosten-Nutzen-Analyse. Welchen Zusatznutzen in Form von erhöhten Einnahmen hat der Herausgeber, und wie steht dieser im Verhältnis zu den Kosten? Die neue Technik wird er dann annehmen, wenn das für ihn bedeutet, dass er einen höheren Preis von den Werbepartnern verlangen kann, da diese wesentlich gezielter ihre gewünschten Kundengruppen erreichen können.

Für unseren Kunden entstehen mit der Annahme der Selektiven Buchbindung keinerlei Kosten. So muss man also nur überlegen, wie sich die Werbepartner verhalten werden und diese Verschiebung quantifizieren. Es ist offensichtlich, dass jeder Werbepartner nur noch in den Exemplaren werben wird, die seine Zielgruppe erreichen. So werden 75 % der Werbepartner (der Anteil, der an Lesern mit hohem Einkommen interessiert ist) nur noch in den 75 % der Exemplare Anzeigen schalten, die an Abonnenten mit hohem Einkommen verschickt werden. Mit den restlichen 25 % verhält es sich genau umgekehrt, sie werden in 25 % der Exemplare werben. Für die folgenden Berechnungen geht man davon aus, dass beide Kategorien von Werbepartnern weiterhin in 100 % der Exemplare für Nichtabonnenten werben werden. Bisher zahlen 100 % der Partner die 50 DM.

Bei unverändertem Preis ergibt sich der Umsatz pro Seite pro tausend Abonnentenexemplare:

Umsatz (neu) = Preis x {(% Niedrig-Einkommens-Abonnenten
x % Niedrig-Einkommens-Werbepartner)
+ (% Hoch-Einkommens-Abonnenten
x % Hoch-Einkommens-Werbepartner)}

Umsatz (neu) = 50 DM {(25 % x 25 %) + (75 % x 75 %)} = 31,25 DM < 50 DM

Bei gleichem Preis wird der Umsatz also sinken. Deshalb stellt sich die Frage, ob man den Preis in ausreichendem Maße erhöhen kann, so dass sich das neue System lohnt. Für einen Werbepartner ist ein höherer Preis nur attraktiv, wenn er damit mehr Kunden erreicht. Als Alternative steht den Werbepartnern, die an dem Kundensegment der höheren Einkommenskategorie interessiert sind, das Konkurrenzmagazin zur Verfügung.

Da beim Konkurrenzmagazin 100 % der Leserschaft der hohen Einkommensklasse angehören, sind die Kosten, die anfallen, um tausend Leser der Kategorie zu erreichen, genau die 70 DM, die eine Seite in tausend Exemplaren kostet.

So darf unser Kunde höchstens 70 DM verlangen mit der Garantie, ebenfalls tausend Leser der Klasse zu erreichen. Ansonsten würde der Werbepartner das Konkurrenzmagazin auswählen. Bisher hat unser Kunde einen geringeren Preis verlangt, was darin begründet lag, dass für 75 % der Partner ungewollt auch die niedrige Einkommensklasse bedient wurde.

Würde unser Kunde 70 DM pro tausend Exemplare verlangen, dann sähe sein Umsatz wie folgt aus:

70 DM x {(25% x 25%) + (75% x 75%)} = 43,75 DM < 50 DM

Die 43,75 DM, die der Kunde einnehmen würde, liegen ebenfalls unter den bisher eingenommenen 50 DM, so dass es sich nicht lohnt, den Werbepartnern das neue Verfahren anzubieten.

In dieser Fallstudie gibt es sicherlich noch ein Vielzahl von Aspekten, die der Bewerber ansprechen könnte. Eine Weiterführung der Fallstudie könnte in der Berechnung bestehen, wie viele zusätzliche Werbepartner gebraucht werden, um doch von der neuen Technologie zu profitieren. Durch die Selektive Buchbindung enthält das Magazin bei konstanter Anzahl von Werbepartnern weniger Werbeseiten. Letztendlich war es jedoch wichtig, auf die eigentliche Frage eine Antwort zu geben.

4.7 Investitionsaufgabe

Aufgabe:

Ein Bekannter hat sich vor kurzem 10 000 m^2 Wald (!) zu einem Preis von DM 1 000 000 gekauft. Es handelt sich hierbei um einen Mischwald, der allerdings von Pappeln (schnell wachsende Baumart) dominiert wird.

Der Bewerber interessiert sich für die Motive dieser Investition. Welche Gründe könnte der Betreffende für den Kauf des Waldstückes gehabt haben? Welche Motive können ausgeschlossen werden?

Lösungsvorschlag:

Mögliche Gründe, die für den Kauf des Waldes sprechen, können vereinfacht in nichtwirtschaftliche (im Folgenden auch private Gründe genannt) und wirtschaftliche Gründe aufgeteilt werden. Da über eventuelle Motive aus der ersten Kategorie nur Vermutungen angestellt werden können, sollen an dieser Stelle nur einige mögliche Beispiele angeführt werden. Das Hauptaugenmerk liegt bei diesem Fall somit bei den wirtschaftlichen Gründen. Hier muss die „Rendite" des Waldbetriebes errechnet werden, um diese dann mit anderen Renditen, zum Beispiel der einer Geldanlage, zu vergleichen.

Um sich vorab ein Bild darüber zu machen, welche prinzipiellen Gründe für eine derartige Investition sprechen können, wird in der Abbildung 23 zwischen so genannten privaten und wirtschaftlichen Gründen unterschieden.

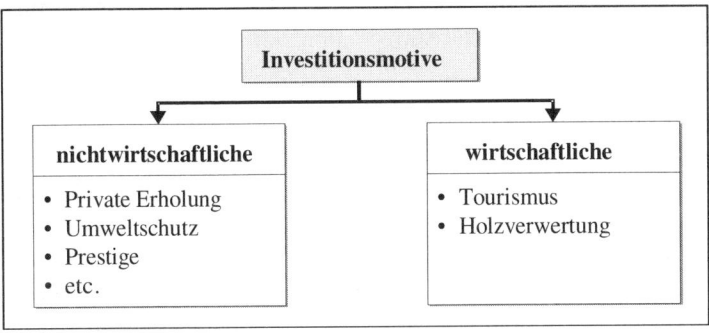

Abbildung 24: Mögliche Gründe für die Investition in einen Wald

Zu Beginn dieses Falles werden an dieser Stelle zuerst kurz die nichtwirtschaftlichen Ziele für die Investition betrachtet:

I. Nichtwirtschaftliche Ziele:

Hier ergibt sich eine Reihe von Gründen, in einen Wald zu investieren; über die genauen Gründe können allerdings nur Mutmaßungen angestellt werden. Exemplarisch seien hier folgende genannt:

Private Erholung: Dies kann zum Beispiel den Wunsch, in seiner Freizeit durch ein Stück Natur zu wandern und frische Luft zu atmen, beinhalten. Bei geeigneter Lage und „Bevölkerung" des Waldes kann die Freude an der Jagd ein weiterer Entscheidungsfaktor sein.

Umweltschutz: Überlegungen, die Natur für seine Kinder zu erhalten und/oder seinen mit den verfügbaren Mitteln möglichen Teil zum Umweltschutz beizutragen, können im Mittelpunkt stehen.

Prestige: Bei ausreichender finanzieller Absicherung und entsprechendem Ego ist es ebenfalls möglich, dass dieser Landkauf aufgrund von Prestigeüberlegungen getätigt wurde. Die Überlegung, (Groß-)Grundbesitzer mit eigenem Wald für Picknicks und/oder zur Jagd zu sein, ist hier ausschlaggebend.

II. Wirtschaftliche Ziele:

In diesem Bereich gibt es einige Alternativen, die sich allerdings relativ schnell auf eine Hauptmotivation zurückführen lassen:

Tourismus: Es wäre möglich, zu versuchen, den Wald touristisch zu erschließen. Dies würde zum Beispiel das Errichten von Gaststätten und Wanderhütten nach sich ziehen. Es müssten Wanderwege, Picknickwiesen, eventuell ein See angelegt werden. All diese Maßnahmen würden allerdings erhebliche weitere finanzielle Aufwendungen bedeuten, wobei deren wirtschaftlicher Erfolg aus einer Reihe von Gründen fraglich erscheint. Warum sollte gerade dieses Stück Wald als Erholungsgebiet für den Tourismus in Frage kommen? Um wirkliche Wanderwege bieten zu können, müsste das Land günstig liegen und viel größer sein. Somit wird an dieser Stelle darauf verzichtet, eine tiefergehende Betrachtung des touristischen Erschließungspotenzials durchzuführen.

Holzverwertung: Unter Holzverwertung wird hier das Roden eines Teils des Waldes verstanden. Auch hier gibt es verschiedene Möglichkeiten, das gewonnene Holz weiter zu veredeln, wobei davon ausgegangen wird, dass der Investor das Holz direkt ohne Veredelung an die Holz verarbeitende Industrie weiterverkauft. Diese Alternative scheint somit die mit dem geringsten weiteren Aufwand realisierbare Variante der wirtschaftlich in Frage kommenden Verwendungsmöglichkeiten für den Wald zu sein. Im Folgenden soll die wirtschaftliche Relevanz dieses Motivs stärker beleuchtet werden.

III. Diskussion der wirtschaftlichen Aspekte der Holzverwertung:

Um die genaue Rendite, die der gekaufte Wald erwirtschaften kann, ausrechnen zu können, muss eine Reihe von Zusatzinformationen beim Interviewer erfragt werden.

Zur Ermittlung des Baumbestandes und der sich daraus ergebenden Holzmenge muss zunächst die *Struktur des Waldes* untersucht werden.

Aus der folgenden Abbildung kann die (idealtypische) für diesen Fall hinreichend genaue Anordnung der Bäume nachvollzogen werden.

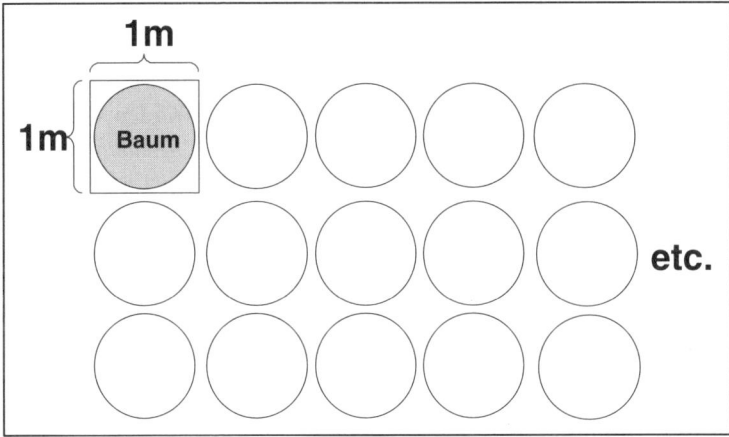

Abbildung 25: Baumanordnung in dem zu betrachtenden Waldgebiet

Um sich ausreichend gut entfalten, das heißt schnell und gesund wachsen zu können, benötigt jeder Baum durchschnittlich 1 m² an

Boden. Zusätzlich zu dieser Information wird die Höhe eines durchschnittlichen Baumes benötigt. Es handelt sich bei diesem Wald, wie bereits an anderer Stelle erwähnt, um einen Mischwald mit vornehmlichem Pappelbestand. Die durchschnittliche Baumhöhe einer Pappel liegt bei 12 Metern, wobei für die Verarbeitung, zum Beispiel durch Verschnitt und Qualitätsunterschiede, in der Regel nur 10 Meter je Baum verwertet werden können. Die Bäume haben einen Durchmesser von circa 0,2 m; es kann davon ausgegangen werden, dass die gesamte Fläche zur Weiterverarbeitung genutzt werden kann.

An den Kauf war allerdings eine regulatorische Bedingung geknüpft: Um die Natur in diesem Wald zu erhalten, ist es lediglich erlaubt, den Anteil an Bäumen abzuholzen, der innerhalb eines Jahres wieder aufgeforstet werden kann. Bei einem Wald der gegebenen Größe und Struktur beträgt dieser Anteil 5 % des gesamten Baumbestandes.

Nachdem nun die Struktur des Waldes betrachtet wurde, sind zwei der vier Elemente des Vier-C-Konzeptes für diese Betrachtung relevant. Dies ist der Bereich der Kunden (Customers) und der Kosten (Costs), die bei der Holzverwertung anfallen.

Zu Beginn soll kurz auf die Kunden im Bereich der Holzverarbeitung eingegangen werden. Kunden sind in der Regel mittelständische Firmen, die das gelieferte Holz in vielfältiger Art und Weise weiterverarbeiten. Die Möglichkeiten reichen von der klassischen Möbelschreinerei über die Erstellung von Geschenkartikeln bis hin zur Erzeugung von Spielzeug. Diese Firmen erwarten, dass das zu liefernde Holz in den jeweiligen Fabriken in ganzen Stämmen angeliefert wird. Die Transportlogistik ist vom liefernden Unternehmen zu koordinieren. Diese potenziellen Kunden zahlen für Bäume mit einem Durchmesser von 0,2 Metern im Durchschnitt 10 DM pro Meter Baum.

Bei der Holzverwertung müssen vor allem die Rodungskosten berücksichtigt werden. Diese betragen für die zur Rodung notwendigen Maschinen und für die Arbeitskosten der Arbeiter 10 000 DM für 250 Bäume. Für den Transport von 250 Bäumen müssen mit weiteren 5 000 DM gerechnet werden. Weitere Kosten fallen nicht an.

IV. Kalkulation:

Anzahl der Bäume im Waldgebiet:

10 000 $[m^2]$ / 1 $[m^2$ / Baum] = 10 000 [Bäume]

Durch Kaufvertragsbedingung zur Rodung freigegebenen Bäume:

10 000 [Bäume] x 5 [%] = 500 [Bäume]

Ermittlung der verwertbaren Meter Holz (Durchmesser 0,2 Meter):

500 [Bäume] x 10 [m Holz] = 5 000 [m Holz]

Bruttoerlös des Baumverkaufs:

5 000 [m Holz] x 10 [DM/m Holz] = 50 000 [DM]

Ermittlung der Kosten für die Rodung:

10 000 [DM/250 Bäume] x 2 [250 Bäume] = 20 000 [DM]

Ermittlung der Kosten für den Transport der Bäume:

5 000 [DM/250 Bäume] x 2 [250 Bäume] = 10 000 [DM]

Gesamte anfallende Kosten:

20 000 [DM/Rodung] + 10 000 [DM/Transp.] = 30 000 [DM/Verk.]

Ermittlung der Nettoerlöse:

50 000 [DM] – 30 000 [DM] = 20 000 [DM]

Ermittlung der Nettorendite:

20 000 [DM] / 1 000 000 [DM] = 2 %

V. Interpretation des Ergebnisses:

Bei der Berechnung der Nettorendite, die die Bewirtschaftung des Waldes erwartungsweise abwerfen wird, ergibt sich ein Wert von 2 Prozent (vor Abzug der Steuern). Dieser Wert muss mit den Investitionsalternativen, die sich dem Käufer bieten, verglichen werden. Hierbei wird schnell, auch ohne vertiefte Kenntnisse der Vielzahl von Möglichkeiten zum Beispiel auf dem Kapitalmarkt deutlich, dass die Investition nicht ausschließlich – wenn überhaupt – wirtschaftlich motiviert gewesen sein kann, da ein Guthaben bereits auf einem einfachen Sparkonto in der Regel mit 2 bis 3 Prozent pro Jahr verzinst wird. Bei der Anlage von 1 000 000 DM als Festgeld oder bei anderen Anlagemethoden kann somit eine höhere Verzinsung des angelegten Kapitals ohne jegliches unternehmerisches Risiko erwirtschaftet werden. Das führt zu dem Schluss, dass es den Waldkäufer aus nichtwirtschaftlichen (privaten) Gründen, wie zum Beispiel einem persönlichen Beitrag zum Umweltschutz, zu dieser Investition getrieben hat.

VI. Abschließende Bemerkung zur Fallstudienlösung:

Bei diesem Fall wird klar, dass es bei der Lösung von Fallstudien nicht primär auf die vertiefte Kenntnis von Investitionsberechnungsformeln ankommt. Bereits mit einfachen Rechenoperationen kann ein durchaus brauchbares Ergebnis ermittelt werden. Das besondere Augenmerk des Interviewers liegt hier vielmehr auf der Fähigkeit des Interviewten, ein eher ungewöhnliches Problem zu strukturieren, sämtliche Dimensionen zu erfassen und dann in Zusammenarbeit mit dem Interviewer zu den Kernpunkten zu gelangen. Auf dem Weg zur Lösung wird allerdings auch durch relativ einfache Rechenvorgänge bewusst abgeprüft, wie strukturiert bei der Kalkulation vorgegangen wird und wie gut der Kandidat unter Stress Kopfrechnen kann.

4.8 Denksportaufgabe

Aufgabe:

Drei Reisende werden von Indianern gefangen. Sie werden alle an denselben Pfahl gebunden und zwar derart, dass der Erste mit dem Rücken am Pfahl steht und der Nächste mit seinem Rücken gegen den Ersten gebunden wird und so weiter. So sieht der an den Pfahl gebundene die beiden vorderen, der vorderste sieht allerdings keinen. Die Gefangenen dürfen nicht miteinander kommunizieren. Es gibt nun zwei rote und drei weiße Bänder, von denen jeder Gefangene eines um die Stirn gebunden bekommt. Sobald einer der Gefangenen die Farbe seines Bandes weiß, muss er sie sagen und ist frei. Der vorderste (er kann keinen anderen sehen) nennt die Farbe seines Bandes und darf gehen. Welche Farbe hat sein Band?

Lösungsvorschlag:

Der an den Pfahl gebundene ist der einzige, der die Farben der anderen Bänder sieht. Da er nichts sagt, weiß er nicht, welche Farbe er auf dem Kopf hat. Somit können die ersten beiden nicht die zwei roten Bänder auf dem Kopf haben. Deshalb müssen die beiden vorderen beide weiß, rot-weiß oder weiß-rot tragen. Der mittlere weiß also, dass nur diese Kombinationen in Frage kommen. Hätte der vorderste ein rotes Stirnband, wüsste der mittlere, dass er ein weißes Band haben muss. Da er aber nichts sagt, weiß er nicht, was er auf dem Kopf hat. Deshalb kann der vorderste nur ein **weißes Band** tragen.

4.9 Businessplan-Aufgabe

Die Anfertigung eines Businessplans muss sehr individuell auf das jeweils zu gründende Unternehmen und die entsprechende Branche zugeschnitten werden. Der Businessplan soll Förderern, Kapitalgebern, Institutionen und möglicherweise auch ersten Kunden schnell

Auskunft über das Unternehmen, die Idee und die Zukunftsaussichten geben. Deshalb ist es von elementarer Bedeutung, bei der Anfertigung der einzelnen Abschnitte die richtigen Fragen zu stellen.

Daher lautet die Aufgabe hier nur: Was muss ich bei den einzelnen Schritten der Erstellung eines Businessplans beachten?

Beispielfragen, die beantwortet werden sollten:[63]

1. Zusammenfassung:

– Wie lautet die Geschäftsidee – in einem Satz?

– Was ist das Produkt?

– Was sind die entscheidenden Erfolgsfaktoren?

– Was sind die Ziele, und wie sollen diese erreicht werden?

2. Unternehmen:

– Wie ist das Unternehmen strukturiert?

– Wer übernimmt welche Aufgaben, und wie ist derjenige qualifiziert?

– Wer sind die Gesellschafter oder Geschäftspartner?

– Welche Rechtsform soll das Unternehmen in Zukunft haben und warum diese?

3. Produkt/Dienstleistung:

– Wie kann man das Produkt kurz beschreiben?

– Welchen besonderen Zusatznutzen bietet das Produkt dem Kunden?

– Wie sehen die Konkurrenzprodukte aus?

– Was hebt das eigene Produkt von denen der Konkurrenz ab?

– Ist der Unterschied dem Kunden sofort ersichtlich?

– Kann man selbst zuverlässig produzieren, liefern und warten?

- Welche ist die Zielgruppe für das Produkt?
- Was erwarten die Kunden von einem solchen Produkt?
- Bietet das Produkt dem Kunden alleine oder nur in Verbindung mit Komplementärprodukten den besonderen Nutzen?
- Müssen Allianzen eingegangen werden, damit der Zusatznutzen für den Kunden deutlicher wird?
- Was ist „State-of-the-Art" für dieses Produkt?
- Mit welcher Entwicklungszeit wird gerechnet?
- In welchen Zeitabständen wird es neue Versionen geben?
- Welche Varianten des Produktes existieren?
- Besitzt der Gründer Patente oder Lizenzen zum Schutz des Produktes?
- Wie wird gefertigt?
- Haben die Fertigungsanlagen freie Kapazitäten?
- Ist eine Kapazitätserweiterung ohne weiteres möglich?
- Woher werden Rohstoffe bezogen?
- Wie sieht die Eingangs- und Ausgangslagerung technisch und mengenmäßig aus?

4. Branche:
- Wie stark ist die Branche in den letzten Jahren gewachsen?
- Wie groß ist die Branche, und wie verläuft der Trend?
- Wie dynamisch ist die Branche?
- Welche externen Einflussgrößen gibt es?
- Bestehen Eintritts- oder Austrittsbarrieren?
- Wie entwickeln sich die Kosten für Rohmaterialien und für Fertigprodukte?

- Wer sind die direkten und indirekten Konkurrenten?

- Wie sehen deren Pläne aus?

- Welche Vertriebskanäle werden benutzt?

- Inwieweit beeinflussen Innovationen das Käuferverhalten?

- Kann die Besonderheit des eigenen Produktes imitiert werden?

- Bringt der Standort entscheidende Vorteile?

- Wie kann der Markt segmentiert werden?

- Auf welche Kundengruppe(n) will man sich konzentrieren?

- Wie groß ist das Absatzvolumen im anvisierten Markt?

- Welche Zusatzleistungen (z. B. Service) sind für die Kunden wichtig?

- Nehmen die Zielkunden große Mengen ab oder ist eher ein Einzelverkauf zu erwarten?

- Was ist der angestrebte Marktanteil?

- Wann und wie kann dieser Marktanteil erreicht werden?

5. Marketing/Vertrieb:

- Wie sieht die Markteintrittsstrategie aus?

- Welche Barrieren existieren und wie werden diese überwunden?

- Was passiert nach dem Eintritt?

- Welche Gewinnspanne strebe ich an?

- Was sind die üblichen Spannen im Handel?

- Zu welchem Preis soll mein Produkt an den Kunden kommen?

- Welches Kundensegment wird über welchen Kanal erreicht?

- Werden Konkurrenzprodukte über die gleichen Kanäle geliefert?

- Wie kann ich das Vertrauen beziehungsweise die Solidarität der Kanäle erreichen?

- Welche Mittel der Absatzförderung werden eingesetzt?

- Vermittelt die Werbung das gewünschte Image und den Zusatznutzen?

- Wie verändert sich die Struktur der Absatzförderung nach der Markteinführung?

6. Unternehmensleitung:

- Wer sind die Partner oder Gesellschafter?

- Wer wird welche Funktionen ausführen?

- Welche Qualifikationen kann die Geschäftsführung aufweisen, die sie für diese Aufgaben prädestiniert?

- Wie sieht die zukünftige Personalplanung aus?

7. Dreijahresplanung:

- Welche Investitionen werden in naher Zukunft getätigt?

- Wie wird sich die Liquiditätssituation des Unternehmens in Zukunft gestalten?

- Wie werden sich die Umsätze entwickeln?

- Mit welcher Wachstumsrate ist zu rechnen?

- Ab wann wird man kostendeckend arbeiten?

- Ab wann werden anfangs aufgenommene Kredite zurückgezahlt?

- Steht ausreichend qualifiziertes Personal zur Verfügung?

- Welche grundsätzlichen Risiken bestehen für das Unternehmen?

- Wie reagiert man auf die unterschiedlichen Risiken?

- Wo können sich Chancen auftun, und wie können diese zum eigenen Vorteil genutzt werden?

- Welche zusätzlichen Maßnahmen sind dafür nötig?

- Wie wird sich das Unternehmen entwickeln, falls alle Einflussfaktoren negativ ausfallen (Worst Case Scenario)?

- Wie wird sich das Unternehmen entwickeln, falls alle Einflussfaktoren positiv ausfallen (Best Case Scenario)?

8. Kapitalbedarf:

- Wie hoch ist der Kapitalbedarf, um die erste Geschäftstätigkeit aufnehmen zu können?

- Wie kann dieser Bedarf gedeckt werden?

- Was steht als Eigenkapital zur Verfügung?

- Welche Möglichkeiten zur Fremdfinanzierung bestehen?

- Welche Quellen der Fremdfinanzierung sind zu bevorzugen?

4.10 Projektstruktur-Aufgabe

Aufgabe:

Eine Werbeagentur mit 15 festangestellten und zehn freien Mitarbeitern ist in den letzten drei Jahren extrem schnell gewachsen. Darunter hat die interne Effizienz bei der Auftragsbearbeitung gelitten, so dass die bearbeiteten Projekte nicht reibungsfrei ablaufen und ein geringeres Arbeitspensum als möglich erledigt wird.

Der einzige Geschäftsführer ist fast ausschließlich für die Auftragsakquisition zuständig, wobei er etwa zwei Drittel seiner wöchentlichen Arbeitszeit außer Haus verbringt und sich nur zu einem Drittel dem operativen Geschäft seiner Agentur widmen kann.

Sowohl der Geschäftsführer als auch die Mitarbeiter des Unternehmens sind nun daran interessiert, die Prozesse und Strukturen des Unternehmens kritisch zu betrachten und zu optimieren.

Der Bewerber befindet sich als Vertreter einer renommierten Beratungsgesellschaft in einem Kundengespräch mit dem Geschäftsführer der Werbeagentur und wird von diesem gebeten, einen Vorschlag zur Organisation und Struktur (Projektphasen, Mitarbeiter, Dauer) eines möglichen Projektes zur Restrukturierung des Unternehmens zu unterbreiten.

Lösungsansatz:

Zur Strukturierung und Analyse der notwendigen zu untersuchenden Projektphasen-Aktivitäten, eignet sich für diese Fallstudie besonders das bei den Analyse-Werkzeugen besprochene QHAR-Konzept.

I. Q(uestion): Fragen definieren

Um Seriosität auszustrahlen und eine fundierte und reflektierte Projektplanung durchführen zu können, müssen weitere Fragen zu den essenziellen Eckdaten des zu planenden Projektes gestellt werden. Hier soll eine exemplarische (nicht auf Vollständigkeit bedachte) Liste angegeben werden:

– Wie ist die Werbeagentur bisher intern organisiert?

– Wie und von wem werden Aufträge angenommen und bearbeitet?

– Wie schnell ist es möglich, einen ersten Einblick in das Geschäft und das Unternehmen zu erhalten?

– Welche Unterstützung gibt es von Seiten des Geschäftsführers beziehungsweise des Unternehmens (zum Beispiel für das Projekt „motivierte Mitarbeiter")?

– Welche Restriktionen sind bei der Projektbearbeitung zu beachten (exemplarisch: Ressourcenknappheit an Mitarbeitern und Zeitrestriktionen)?

II. H(ypothesis): Hypothese formulieren

Um die Planung des Projektes auf validen Annahmen durchführen zu können, müssen Hypothesen, die die Fragestellung aus dem Q(uestion)-Teil beantworten helfen, formuliert werden.

Zum Kennenlernen des Kerngeschäftes, den Eigenheiten der Branche sowie der Aufnahme der wichtigsten Prozesse müssen zwei Wochen mit zwei Beratern veranschlagt werden.

Die Auswertungsphase beginnt parallel zur ersten Analysephase, wird durch weitere zu führende Interviews ergänzt und ab der dritten Projektwoche für insgesamt eine Woche intensiviert. Als Ergebnis werden die zusammenfassenden Ergebnisse der Analysephase ermittelt und konkrete Optimierungsvorschläge gemacht.

Die ständige Zusammenarbeit zwischen dem Beratungsteam und Mitarbeitern der Werbeagentur wird durch die Einbindung eines designierten Mitarbeiters in das Projektteam gefördert. Darüber hinaus wird ein wöchentlicher Jour fixe eingeführt, an welchem dem Geschäftsführer vom Projektfortschritt berichtet und ein konstanter Abgleich der Projekterwartungen betrieben wird.

Diese Thesen müssen in Rückkopplung zu den „Questions" mit dem Interviewer diskutiert werden, um zu einer realistischen Einschätzung der Projektsituation zu gelangen.

III. A(nalysis): Analyse-Aktivitäten identifizieren

Nun müssen, aufbauend auf den für dieses Projekt zu beantwortenden Fragen und den Hypothesen über die Projektsituation, die zur Projektbearbeitung notwendigen Analysen und die damit verbundenen Tätigkeiten erkannt werden. Als mögliche Analysen sind hier exemplarisch zu nennen:

- Tagesgeschäftsanalyse durch Beobachtung des Tagesgeschäfts der Mitarbeiter sowie durch Interviews

- Analyse der wirtschaftlichen Kennzahlen (z. B. Auslastungsgrad und Fehlzeiten der Mitarbeiter und Projektarbeitszeit im
  Vergleich zur administrativen Arbeitszeit)

- Analyse der betrieblichen Rahmenbedingungen (z. B. Erfassung der Computersysteme und der Kommunikationsanlagen
  und Abgleich der zur effizienten Auftragsbearbeitung benötigten Rahmenbedingungen mit den aktuellen Ist-Bedingungen)

- Auswertung der Analysen und Vorbereitung der Zwischenprä-
  sentation

- Analyse der Implementierungschancen und -probleme anhand
  von Ausarbeitungen zur Umsetzung der Restrukturierungs-
  strategie

IV. R(essources): Ressourcen identifizieren

In diesem letzten Punkt des QHAR-Konzeptes müssen nun die zur
Projektdurchführung und damit für die identifizierten Analysen
notwendigen Ressourcen festgelegt werden.

Zur Tagesgeschäftsanalyse durch Beobachtung benötigt ein Berater
zwei Wochen. Parallel hierzu läuft die Tagesgeschäftsanalyse durch
Interviews, die ebenfalls etwa zwei Wochen in Anspruch nimmt
(mit Unterbrechungen) und vom gleichen Berater durchgeführt
wird.

Die Dauer der Analyse wirtschaftlicher Kennzahlen ist vom Um-
fang der zu untersuchenden Themengebiete abhängig. Hier wird
davon ausgegangen, dass die Analyse inklusive der Datenbeschaffung und -aufbereitung innerhalb einer Woche durch einen Berater
aufgearbeitet werden kann.

Zur Analyse der Betriebsinfrastruktur und vor allem zum Abgleich
der Ist-Struktur mit Benchmarks aus der Werbebranche wird inklusive der Datenbeschaffung und -auswertung ein notwendiger Ar-
beitsaufwand von zwei Wochen für einen Berater und einen Mitarbeiter des Unternehmens veranschlagt.

Da die einzelnen Analysen zielorientiert bearbeitet werden, wird bereits während der Analysephase auf die Endpräsentation hingearbeitet.

Die Analyse der Implementierungschancen und -möglichkeiten sowie der Entwurf eines Implementierungskonzeptes müssen mit einer weiteren Beraterwoche veranschlagt werden.

Somit ergibt sich zusammenfassend folgendes Bild hinsichtlich der Projektstruktur und -organisation:

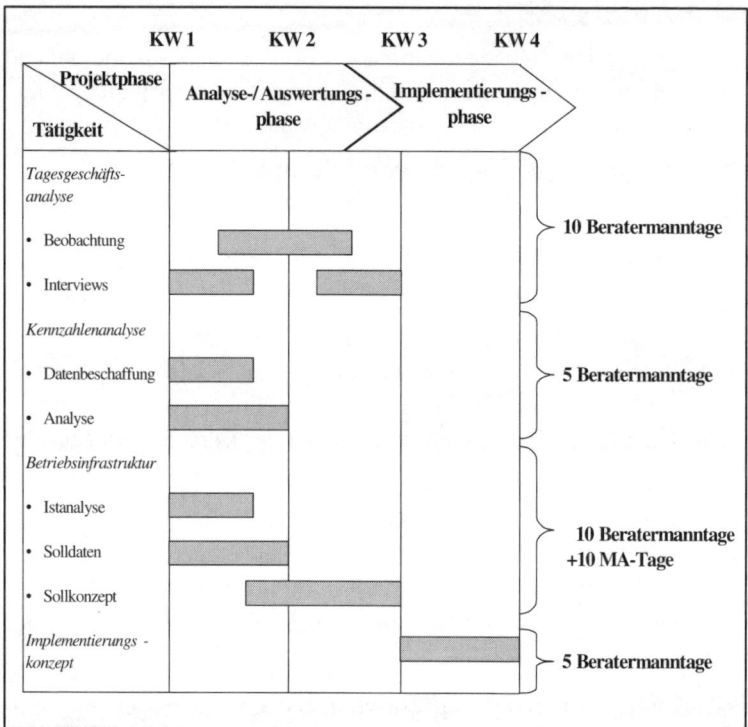

Abbildung 26: Möglicher Projektplan nach dem QHAR-Konzept

142

5. Weiterführende Aufgaben

5.1 Glasmarkt in Polen

Aufgabe:

Ein Glasverpackungsfabrikant ruft an und will möglichst schnell wissen, wie groß der Markt in Kilo für Glasverpackungen in Polen ist.

Lösungsvorschlag:

Während der Erarbeitung der Lösung wird das Produktspektrum immer weiter eingegrenzt. Die Vorgehensweise gilt aber in gleicher Weise für die anderen Bereiche; die vollständige Bearbeitung würde allerdings den Rahmen eines Interviews sprengen.

Zuerst muss man sich vor Augen führen, was der Begriff Glasverpackung bedeutet und was er beinhaltet. Am besten läuft man in Gedanken durch den Stammsupermarkt und achtet auf Produkte, die in Glas verpackt sind. Um ein Marktvolumen oder -potenzial abschätzen zu können, muss man sich aller Segmente bewusst sein. In welchen Produktkategorien kommen Glasverpackungen vor (zum Beispiel Arzneimittel, Getränke), und wie kann jede dieser Kategorien wiederum unterteilt werden, um am Ende eine konkrete Zahl für den Glasbedarf dieser Produktgruppe abschätzen zu können?

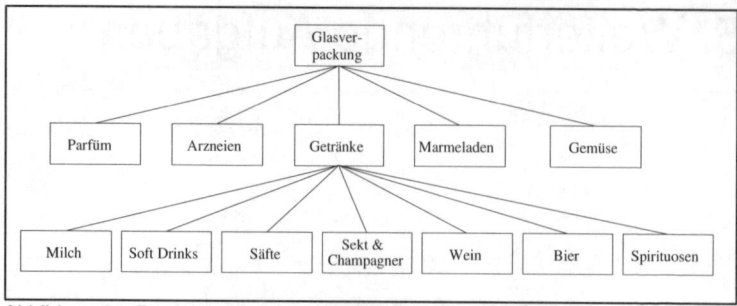

Abbildung 27: Produktkategorien von Glasverpackung

Abbildung 27 zeigt die verschiedenen Produktkategorien, wobei der Bereich Getränke weiter unterteilt werden muss. Hier beschränken wir uns nun auf die Betrachtung von Bier. (Der Weg kann jedoch für jede andere Produktgruppe in gleicher Weise beschritten werden.) Natürlich müssen alle im Folgenden verwendeten Werte geschätzt werden. Solange die Schätzungen in einem gewissen erklärbaren, real möglichen Rahmen bleiben, dürfen sie ruhig etwas ungenau sein – es kommt hauptsächlich auf die Logik des Weges an.

Der Bierkonsum in Polen pro Kopf und pro Tag wird auf circa 0,5 Liter (l) geschätzt. Viele Leute trinken sicherlich mehr, aber andere auch weniger oder gar kein Bier, so dass dies ein realistischer mittlerer Wert ist. Bei circa 40 Millionen Polen und grob 350 Tagen pro Jahr (leichter zu rechnen als 365) ergibt das einen Gesamtbierkonsum von 0,5 l x 40 Millionen Einwohner x 350 Tage = 7 Milliarden l.

Nicht all dieses Bier wird zu Hause und in Flaschen getrunken; schätzungsweise 60 % werden zu Hause getrunken, 40 % dagegen in Kneipen. Das meiste des zu Hause verzehrten Biers wird aus Flaschen getrunken, von denen circa 80 % als Pfandflaschen zurückgebracht werden. Die restlichen 20 % gehen kaputt oder sind Einwegflaschen. In Kneipen wird circa 70 % des Biers aus Fässern gezapft, so dass nur 30 % in Flaschen serviert wird, von denen circa

10 % beschädigt werden, so dass 90 % dieser Flaschen als Pfandflaschen zurückgehen.

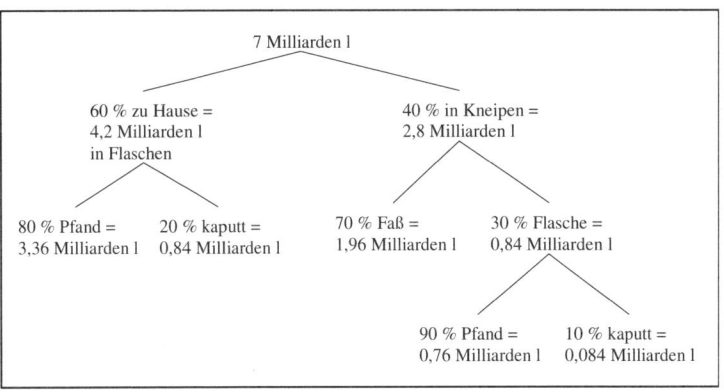

Abbildung 28: Bierkonsum in Polen

Es müssen nur Flaschen produziert werden, welche die nicht mehr verwendbaren Flaschen ersetzen. Somit erkennt man, dass jährlich nur Flaschen für einen Konsum von 0,94 Milliarden Liter (0,84 Milliarden zu Hause und 0,084 Milliarden in Kneipen) produziert werden müssen. Man könnte nun noch die durchschnittliche Haltbarkeit einer Pfandflasche in die Überlegungen einbeziehen; darauf wird in diesem Fall verzichtet.

Die meisten Flaschen sind 0,5-l-Flaschen, so dass für die 0,92 Milliarden l getrunkenen Biers 1,84 Milliarden Flaschen produziert werden müssen. Eine 0,5-l-Flasche wiegt leer schätzungsweise 200 g, so dass dies einen Glasbedarf von 368 Millionen Kilo Glas (1,84 Milliarden Flaschen x 0,2 kg) ergibt.

5.2 Umsatzschätzung

Aufgabe:

„Poopers" ist eine der führenden fiktiven Windelmarken in Deutschland. Poopers überzeugt die Babys (bzw. die Mütter) durch große Saugfähigkeit, ohne beim Spielen zu stören. Diese Marke hat einen fiktiven Marktanteil von 30 % auf dem hartumkämpften Windelmarkt in Deutschland. Welchen Umsatz erzielt der Hersteller der Marke Poopers ?

Lösungsvorschlag:

Bei diesem Fall handelt es sich um ein relativ geradliniges Abschätzungsproblem. Um es lösen zu können, muss man einige Zahlen schätzen oder bei einem hilfsbereiten Interviewer erfragen.

Wie viele Babys werden pro Jahr in Deutschland geboren?

– Deutschland hat 80 Millionen Einwohner. Ganz grob sind die Geschlechter 50:50 verteilt, so dass es 40 Millionen Paare geben kann. Davon sind circa 20 %, also 8 Millionen Paare, in einem Alter, in dem die Kinder geboren werden (18 bis 38 Jahre). Durchschnittlich bekommt jedes Paar zwei Kinder (der realistische Wert ist etwas geringer; der hier angenommene Wert dient der rechentechnischen Vereinfachung). Diese zwei Kinder werden jedoch irgendwann innerhalb der zwanzigjährigen Periode (Alter 18-38) geboren. Daraus ergibt sich die folgende Rechnung:

– Anzahl Geburten pro Jahr = Einwohnerzahl x Geschlechtsfaktor x Altersfaktor x Anzahl Kinder / Kinderperiode = 80 000 000 x 0,5 x 0,2 x 2 / 20 = 800 000

Wie lange, also bis zu welchem Lebensjahr, tragen Babys Windeln?

– Kinder tragen in der Regel bis zum Ende des dritten Lebensjahres Windeln, das heißt also drei Jahre.

Wie oft werden die Windeln pro Tag gewechselt?

– Windeln werden anfangs circa 4-mal, später circa 8 mal pro Tag gewechselt. Deshalb wird mit dem Durchschnitt von 6 Windeln pro Tag gerechnet.

Wie hoch ist der Großhandelspreis einer Windel?

– Eine Windel der gehobenen Qualität kostet im Handel circa 0,45 DM. Grob geschätzt bleibt für den Hersteller ein Umsatz von 0,30 DM pro verkaufter Windel.

Aus den nun bekannten Zahlen lässt sich der Jahresumsatz der Marke Poopers wie folgt errechnen (das Zeichen „#" steht im Folgenden für Anzahl):

Anzahl windeltragender Babys = # Geburten x Länge des Windelalters = 800 000 x 3 = 2,4 Millionen

Anzahl Windeln pro Tag in BRD = # windeltragender Babys x Wechsel pro Tag = 2,4 Millionen x 6 = 14,4 Millionen

Anzahl Windeln im Jahr = # Windeln pro Tag x Anzahl Tage = 14,4 Millionen x 365 = circa 5,3 Milliarden

Jahresumsatz der Branche = # Windeln im Jahr x Verkaufspreis des Herstellers = 5,3 Milliarden x 0,3 = 1,6 Milliarden

Poopers-Jahresumsatz = Jahresumsatz der Branche x Marktanteil = 1,6 Milliarden x 0,3 = 480 Millionen. Aus dieser auf Schätzungen basierenden Rechnung ergibt sich, dass der Poopers-Jahresumsatz circa 480 Millionen DM beträgt.

5.3 McBurger

Aufgabe:

Ermitteln Sie, wie viel Umsatz eine gut frequentierte Filiale des Fast-Food-Unternehmens McBurger im Jahr erzielt.

Lösungsvorschlag:

Um den Jahresumsatz einer Filiale abzuschätzen, muss man von der kleinsten Einheit des Umsatzes ausgehen. In diesem Fall ist es der Kunde, der zu speisen gedenkt.

Wie viel DM gibt der Durchschnittsbesucher bei McBurger aus?

– Die durchschnittliche Ausgabe beträgt circa 10 DM pro Essen.

Wie viele Gäste besuchen pro Stunde eine Filiale?

– Geschätzte Personenzahl: 100.

Bei einer täglichen Öffnungszeit von 14 Stunden ergibt dies 1 400 Personen pro Filiale und Öffnungstag und somit einen Umsatz von 14 000 DM pro Filiale und Tag. Da McBurger jeden Tag geöffnet hat, ergibt das einen Jahresumsatz von etwa 5,1 Millionen DM pro Filiale und Jahr.

5.4 „Kugel-Brain-Teaser"

Aufgabe:

Man hat neun Kugeln, von denen acht das gleiche Gewicht haben, eine jedoch schwerer ist. Wie viele Wiegevorgänge braucht man höchstens, um mit einer herkömmlichen Waage (2 Wiegearme) die schwere Kugel genau bestimmen zu können?

Lösungsvorschlag:

Man teilt die neun Kugeln in drei Gruppen à drei Kugeln und legt zwei Gruppen auf die Waage. Wenn die Waage ausschlägt, weiß man, in welcher Gruppe sich die schwerere Kugel befindet. Schlägt die Waage nicht aus, so befindet sich die gesuchte Kugel in der dritten Gruppe. Von der Gruppe mit der schweren Kugel legt man nun wiederum zwei Kugeln auf die Waage. Schlägt die Waage aus, kann man sofort die schwere Kugel identifizieren, schlägt sie nicht aus, so ist die dritte Kugel dieser Gruppe die gesuchte.

So braucht man in jedem der möglichen Fälle nur zwei Wiegevorgänge.

5.5 Uhr

Aufgabe:

Wie groß ist der Winkel zwischen den beiden Zeigern einer Uhr um viertel nach drei?

Lösungsvorschlag:

Der große Zeiger steht genau auf der Drei. Der kleine Zeiger wandert innerhalb einer Stunde von der Drei bis zur Vier. Das ist ein Zwölftel der ganzen Umdrehung, d. h. 360° / 12 = 30°. In den vergangenen fünfzehn Minuten hat der kleine Zeiger schon ein Viertel dieser 30° zurückgelegt, also 30° / 4 = 7,5°. Somit beträgt der Winkel zwischen den beiden Zeigern genau 7,5°.

5.6 PaperCo.

Aufgabe:

Die PaperCo. ist ein in den USA, speziell im Bundesstaat Ohio, operierendes Unternehmen der Papier- und Zellstoffindustrie, das sich auf die Herstellung von Wellpappe spezialisiert hat.

Die Firma PaperCo. ist dezentral derart organisiert, dass eine Holding-Gesellschaft, ansässig in B-Town, die sechs eigenständigen, als Profit-Center organisierten Produktions- und Vertriebsstützpunkte unterstützt und kontrolliert.

1994 erzielte das Unternehmen in dieser Form bei circa 2 700 Angestellten einen Umsatz von 2,5 Milliarden US-Dollar mit einem Vorsteuergewinn von 170 Millionen US-Dollar.

Die eigenständigen Profit-Center, ansässig in A-Town, C-Valley, D-Village, E-Town, F-Beach und G-Town, verfügen jeweils über eigene Vertriebsregionen, die durch Kundenbeziehungen historisch gewachsen sind. In diesen sind sie für die Wellpappeproduktion, den Vertrieb und die Distribution verantwortlich. Die einzelnen Vertriebsregionen werden in der folgenden Abbildung charakterisiert:

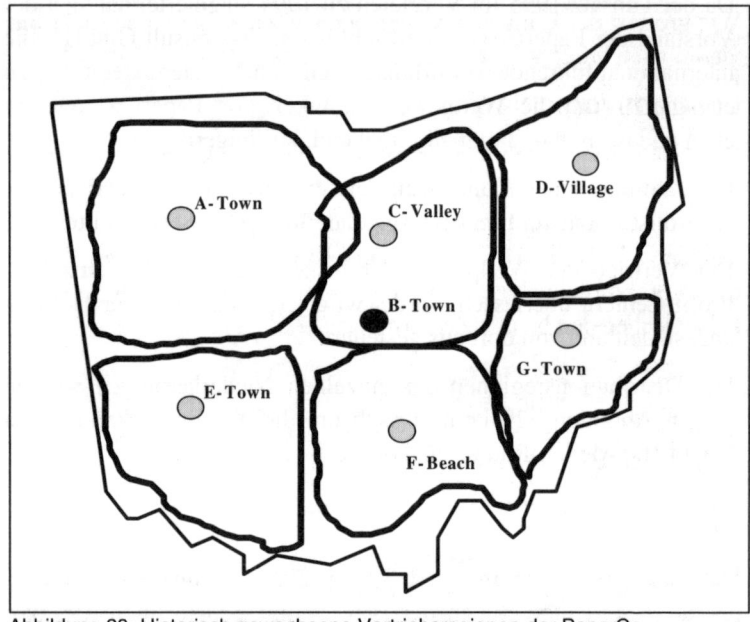

Abbildung 29: Historisch gewachsene Vertriebsregionen der PaperCo.

Die einzelnen Zentren sind so strukturiert, dass der Niederlassungsleiter direkt dem Werksleiter, dem Vertrieb und den Verwaltungsangestellten übergeordnet ist. Dem Werksleiter, der für den reibungslosen Ablauf der Wellpappeproduktion und deren Versand an die Kunden verantwortlich ist, unterstehen wiederum direkt 400 Produktions- und Versandangestellte.

Der Vertrieb der eigenen Produkte ist je Profit-Center mit circa 30 Mitarbeitern besetzt. Die Verwaltung, die sich ausschließlich mit administrativen Aufgaben befasst, beschäftigt jeweils drei Mitarbeiter.

Den sechs Profit-Centern ist die PaperCo.-Holding in B-Town übergeordnet, die aus dem Vorstand und einem kleinen Mitarbeiterstab besteht.

Da der Umsatz 1995 im Vergleich zu 1994 stagnierte, hat sich der Vorstand der PaperCo. dazu entschlossen, Topconsult GmbH, eine international führende Top-Management- und Strategieberatung, zu engagieren, um die Wettbewerbsfähigkeit von PaperCo. untersuchen zu lassen und, daran anschließend, zu steigern.

Eine Studie von Topconsult ergab, dass die für PaperCo. sinnvollste Neustrukturierung folgendermaßen aussehen sollte:

Der Vertrieb der Wellpappe, der bisher dezentral den einzelnen Profit-Centern überlassen wurde, wird jetzt zentral in der Holding angesiedelt und von dort aus gesteuert.

Die Distributionsregionen der einzelnen Niederlassungen werden wie in Abbildung 29 konzentrisch um die einzelnen Standorte in einem 200-Meilen-Radius angeordnet:

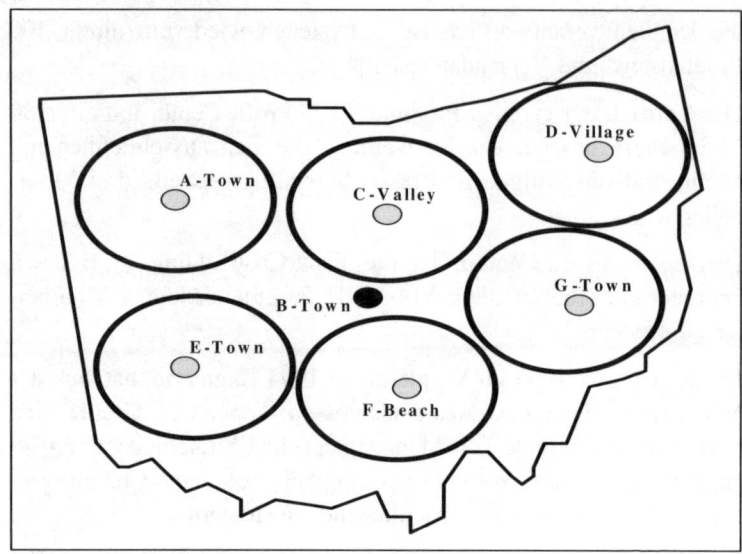

Abbildung 30: Reorganisierte Vertriebsregionen

Die sechs Niederlassungen sind nunmehr primär für die Produktion und die Distribution der Wellpappe zuständig und werden diesbezüglich von der Firmenzentrale in B-Town gesteuert. Der Bewerber muss die mit dem Vorstand der PaperCo. durchgeführte Studie dem Lenkungsausschuss für dieses Projekt präsentieren und hat dafür zu sorgen, dass die vorgeschlagenen Änderungen in die Praxis umgesetzt und nicht von unzufriedenen Mitarbeitern sabotiert werden.

Der Lenkungsausschuss besteht aus den Leitern der sechs Niederlassungen der PaperCo. und dem Vorstand der PaperCo.-Holding.

Das Wissen, dass mit dieser Präsentation vor dem Lenkungsausschuss über den Erfolg des Projektes und damit über eventuelle Folgeaufträge entschieden wird, ist von essenzieller Bedeutung.

Es ist also die Aufgabe des Bewerbers, mit der richtigen Vorgehensweise und den richtigen Argumenten dafür zu sorgen, vor allem die sechs hauptsächlich durch die drastischen, in der Studie

152

vorgeschlagenen Änderungen betroffenen Niederlassungsleiter zu überzeugen und für die Reorganisation zu gewinnen.

Da die bereits erwähnten Standortleiter alle seit mehr als zehn Jahren in der Firma und mindestens genauso lang in der Papierbranche tätig sind, muss der Bewerber seine Ergebnisse fundiert untermauern können.

Folgendes Vorgehen bietet sich bezüglich der Fragestellung an:

– Welche Änderungen ergeben sich in der Organisationsstruktur der PaperCo.-Niederlassungen beziehungsweise der PaperCo.-Holding?

– Welche (eventuell personellen) Änderungen ergeben sich daraus?

– Welche Probleme treten hinsichtlich des „Profit-Center"-Begriffs auf?

– Welche Maßnahmen können, eventuell bereits vor der Lenkungsausschusssitzung, ergriffen werden, um die Akzeptanz der vorgeschlagenen Maßnahmen bei den Betroffenen zu erhöhen?

Lösungsvorschlag:

An dieser Stelle soll zum wiederholten Male darauf hingewiesen werden, dass bei diesem Lösungsansatz Schlüsse und Vorschläge aufgezeigt werden, die sich aus den gegebenen Daten ableiten lassen. Es ist durchaus möglich, zu anderen Schlüssen zu gelangen beziehungsweise eine andere Vorgehensweise zu wählen.

Es werden nun kurz die in der Aufgabenstellung aufgeworfenen Fragen diskutiert:

Welche Änderungen ergeben sich in der Organisationsstruktur der PaperCo.-Niederlassungen beziehungsweise der PaperCo.-Holding?

Bis Ende 1995 lässt sich der Aufbau der einzelnen Profit-Center mit folgendem Organigramm charakterisieren:

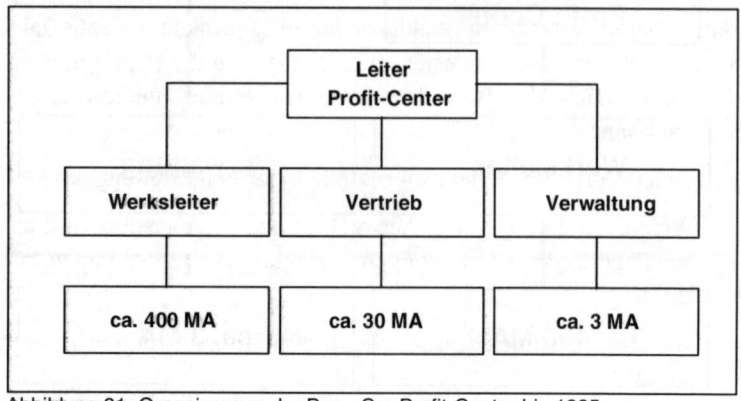

Abbildung 31: Organigramm der PaperCo.-Profit-Center bis 1995

Jedes Profit-Center war autonom für die Kundenbetreuung mittels Vertrieb, für die Produktion und die Distribution der Wellpappe und damit für den Gewinn zuständig. Der Profit-Center-Leiter musste/durfte somit ein eigenständiges Unternehmen führen und war letztendlich für alle drei Hauptbereiche verantwortlich.

Gemäß der Topconsult-Studie soll nun der Vertrieb zentral von der Holding übernommen werden, womit bei den Niederlassungen der Zweig des Vertriebs vollständig wegfällt.

In einem nächsten Schritt ist zu überlegen, ob und in welchem Ausmaß die Verwaltung jetzt noch gebraucht wird, da Rechnungen et cetera mangels eigenen Vertriebs nicht mehr anfallen.

Alle distributiven Tätigkeiten werden und wurden ohnehin von der Produktion miterledigt.

Nach Durchführung der strukturellen Änderungen gemäß Topconsult-Studie ergibt sich somit folgendes Organigramm:

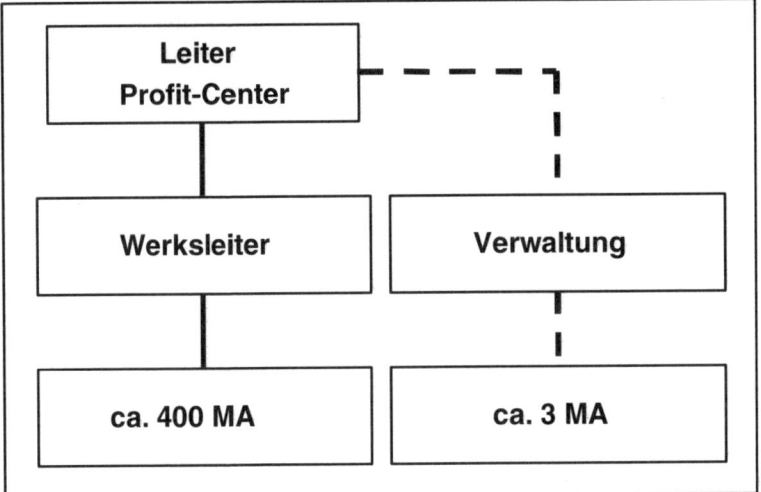

Abbildung 32: Organigramm der PaperCo.-Profit-Center nach der Reorganisation

Beim Betrachten dieses Aufbaus wird schnell deutlich, dass in dieser Form keine optimale Organisation gegeben ist. Diese Tatsache führt direkt zur zweiten Fragestellung:

Welche (eventuell personellen) Änderungen ergeben sich daraus?

Es wird deutlich, dass vor allem bei zusätzlichem Wegfall der Verwaltung der Leiter des Profit-Centers von allen Aufgaben enthoben ist. Um die laufende Produktion zu überwachen und zu optimieren, ist der Werksleiter jedoch auf jeden Fall der geeignete Mann, da er von jeher im „Tagesgeschäft" involviert und in dieser Hinsicht die kompetente Führungskraft ist.

Kundenkontakte und Kundenpflege kommen ebenfalls nicht als Aufgaben für die Niederlassungsleiter in Frage, da die Kundenbetreuung nun zentral von der Holding organisiert wird.

Hieraus wird bereits die Hauptschwierigkeit bei der bevorstehenden Präsentation vor dem Lenkungsausschuss ersichtlich:

155

Wie kann man die Umsetzung der Topconsult-Studie mit Unterstützung der Niederlassungsleiter sichern, obwohl ihnen dadurch ihre Daseinsberechtigung in bisheriger Form entzogen wird?

Diese Problematik wird später nochmals direkt aufgegriffen. Somit kommt man zur nächsten Fragestellung:

Welche Probleme treten hinsichtlich des „Profit-Center"-Begriffs auf?

Die hier angedeuteten Schwierigkeiten, die PaperCo.-Niederlassungen nach der Umstrukturierung noch als „Profit-Center" zu bezeichnen, sind ebenfalls ganz eng an die Struktur des neuen Organigramms der Niederlassung gekoppelt.

Da die Niederlassungen praktisch nur noch die Produktions- und Distributionsaufträge der PaperCo.-Holding ausführen, ist keine direkte Einflussnahme mehr auf den Gewinn der einzelnen Niederlassung möglich.

Da also dezentral keine Gewinnmaximierung angestrebt werden kann, ist es nunmehr für die einzelnen Niederlassungen nur noch möglich, autonom an der „Kostenschraube" zu drehen, also kostengünstiger zu produzieren und zu versenden. Somit werden die Niederlassungen zu „Cost-Centers". Diese Tatsache ist ebenfalls einer der Faktoren, die personelle Entscheidungen im Bereich der Produktion und Distribution mit sich bringen können.

Um abschließend wiederum auf das Implementierungsproblem der Topconsult-Studie zu sprechen zu kommen, ist eine Bearbeitung der letzten im Aufgabentext gestellten Frage nötig:

Welche Maßnahmen können, eventuell bereits vor der Lenkungsausschuss-Sitzung, ergriffen werden, um die Akzeptanz der vorgeschlagenen Maßnahmen bei den Betroffenen zu erhöhen?

Wie bereits an früherer Stelle angedeutet, dürfte es erhebliche Schwierigkeiten bei der Studienpräsentation vor dem Lenkungsausschuss geben, da die Lenkungsausschussmitglieder (Profit-Center-

Leiter) kein Interesse daran haben, sich ihre eigenen Arbeitsplätze wegzurationalisieren.

Da diese Profit-Center-Leiter alle bereits lange im Geschäft sind und bisher die „unumstrittenen Könige" waren, dürfte es schwer werden, ihnen „Standardlösungen" in Bezug auf ihre neuen Einsatzmöglichkeiten innerhalb der PaperCo. schmackhaft zu machen.

Auf Grund dieser Tatsache wurde von Topconsult bereits vor der Lenkungsausschusssitzung erarbeitet, welcher Niederlassungsleiter, natürlich seinen persönlichen Stärken entsprechend, in welchem Aufgabenfeld zukünftig für PaperCo. tätig werden kann und von wem man sich besser trennen sollte.

Diese „Einsatzpläne" wurden mit dem Vorstand abgestimmt. Dieser hat dann in einem persönlichen Gespräch mit dem einzelnen Niederlassungsleiter die möglichen Formen der gemeinsamen Zusammenarbeit neu durchdacht.

Dadurch, dass jeder Niederlassungsleiter persönlich in die Entscheidung einbezogen wurde und gemeinsam Lösungen gesucht und gefunden wurden, wurde das „Eis" gegenüber der Studie gebrochen.

In der Lenkungsausschuss-Sitzung ergaben sich keine Schwierigkeiten; die meistenTeilnehmer waren mit den gemeinsam erarbeiteten Ergebnissen zufrieden.

Zusammenfassend kann festgehalten werden, dass in diesem Fall der Schlüssel zum Erfolg nicht nur die „Hard Facts", also die durch Zahlen fundierten Argumente der Topconsult-Studie, zum Erfolg des Projekts geführt haben, sondern dass die „Soft Facts", also das Miteinbeziehen der betroffenen Mitarbeiter, die Umsetzung der Studie maßgeblich gesichert haben.

5.7 Preisstrategie

Aufgabe:

Ein Unternehmen, das ausschließlich Kühlschränke produziert, hat plötzlich Absatzprobleme. Die Produktion ihrer FCKW-freien Kühlgeräte war ständig ausverkauft, seit einiger Zeit jedoch stockt der Absatz. Eine Unternehmensberatung wird beauftragt, diese Entwicklung zu analysieren und eine neue Preisstrategie zu erarbeiten.

Lösungsvorschlag:

Zu Beginn dieser Fallstudie lassen sich vorab einige Grundüberlegungen zu der negativen Entwicklung des Unternehmens anstellen. Erst in jüngster Zeit wurde mit der Serienproduktion von FCKW-freien Kühlschränken begonnen, wobei die Fertigung dieser Geräte nur durch einige wenige Unternehmen ausgeführt wurde. Durch den Erfolg des Verkaufs dieser Kühlschränke angelockt, begann eine Vielzahl weiterer Unternehmen mit der Produktion dieser Geräte.

Zunächst befand sich das betrachtete Unternehmen auf einem Verkäufermarkt. Das Angebot war im Vergleich zur nachgefragten Menge dieser Kühlgeräte zu gering; nur eine geringe Zahl dieser Spezialgeräte wurde hergestellt. In dieser Situation war die Produktion ständig ausverkauft und das Unternehmen hatte einen gewissen Spielraum bei seiner Preisfestsetzung.

Dieser Verkäufermarkt wandelte sich zum Nachteil des betrachteten Unternehmens in einen Käufermarkt, da die Anzahl der Produzenten und der angebotenen Menge drastisch anstieg.

Bei den Überlegungen zu einer neuen Preisstrategie müssen einige Aspekte der wettbewerblichen Situation mit ins Kalkül gezogen werden; diese werden in der folgenden Abbildung visualisiert.

Bei der Analyse der vier relevanten Aspekte der Preisfestsetzung dürfen niemals die Interdependenzen zwischen diesen außer Acht gelassen werden.

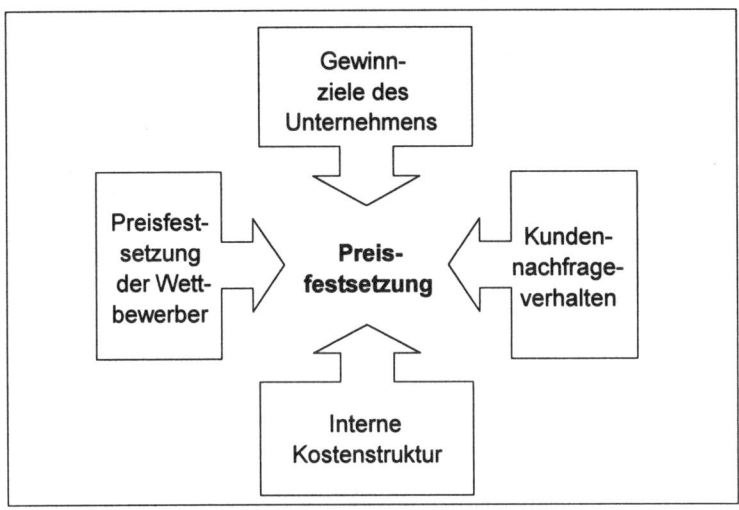

Abbildung 33: Einflussfaktoren auf die Preisfestsetzung

I. Preisfestsetzung Wettbewerber

In der Ausgangsposition war die Zahl der Konkurrenten sehr begrenzt, so dass das Unternehmen bei der Preisfestsetzung relativ frei agieren konnte. Durch die gestiegene Zahl der Anbieter ist der preisbezogene Spielraum des Unternehmens geringer geworden, und die Aktivitäten der Wettbewerber rücken bei der eigenen Preisfestsetzung verstärkt in den Vordergrund.

Eine Untersuchung des Marktes zeigt, dass einige Unternehmen, die beim Vertrieb von Kühlgerätvarianten preisführend auftreten, neu in den Markt eingetreten sind. Diese Preise werden unter anderem durch eine hohe Produktionsmenge ermöglicht. Die Produktionsanlagen des betrachteten Unternehmens sind für eine derartige Produktionsmenge nicht konzipiert.

II. Kundennachfrageverhalten

Bei der Festsetzung der Preisstrategie spielt das Kundennachfrageverhalten eine entscheidende Rolle. Zu dessen Ermittlung können viele Analyse-Werkzeuge, wie zum Beispiel eine Feldstudie, angewandt werden. Bei der Betrachtung des Verhaltens spielen nicht nur der Preis der Ware, sondern auch der Service und psychologische Attribute eine entscheidende Rolle. Das Wissen um die Preiselastizität der Nachfrage unterstützt die optimale Ermittlung der Preispolitik. In diesem Fall ist die Nachfrage kaum elastisch.

III. Interne Kostenstruktur

Zu den grundlegenden Daten, die zur Preisfestsetzung herangezogen werden, gehört die Kostenstruktur des Unternehmens. Langfristig sollten die Produktionskosten durch die Verkaufserlöse der Kühlschränke gedeckt werden. In diesem Zusammenhang findet die bereits beschriebene Lernkurve ihre Anwendung. Von Seiten der internen Kostenstruktur hat das Unternehmen nicht die Möglichkeiten, sich gegenüber den großen Konkurrenten abzusetzen, da diese, unter anderem durch die hohe Produktionsmenge, kostengünstiger produzieren können.

IV. Gewinnziele des Unternehmens

Auch die Gewinnziele des Unternehmens spielen bei der Preisfestsetzung eine Rolle. Diese ist im vorliegenden Fall auf Grund des harten Wettbewerbs von untergeordneter Wichtigkeit und deshalb zu vernachlässigen.

Durch die möglichen Ergebnisse der Aufgabenbearbeitung kann der Betrachter die folgenden Schlussfolgerungen ziehen:

- Das wettbewerbliche Umfeld hat sich in den letzten Jahren stark verändert. Das Unternehmen *muss* reagieren.

- Die Konkurrenten streben eine Kosten- und Preisführerschaft, weshalb das Unternehmen eine andere Strategie wählen sollte.

– Das Unternehmen sollte versuchen, seine Kühlschränke durch Produktinnovationen zu verbessern oder durch Produktvariationen neue Marktsegmente zu erschließen.

5.8 Logikbaum

Aufgabe:

Ein Kunde hat festgestellt, dass der Operating Profit eines Werkes in England seit einigen Jahren konstant sinkt, konnte bisher allerdings keine eindeutige Ursache feststellen. Da alle Mitarbeiter zu sehr mit dem operativen Geschäft befasst sind, beauftragt er die Unter-nehmensberatung mit der Ursachenforschung. Wie lassen sich die Ursachen finden?

Lösungsvorschlag:

Zuerst sollte man sich darüber klar werden, aus welchen Faktoren sich der Operating Profit zusammensetzt. Dies lässt sich anhand der Profit-&Loss-Statements des Unternehmens herausfinden. Der Operating Profit ist die Differenz zwischen der Gross Contribution und den Fixed Costs. Die Gross Contribution wiederum setzt sich zusammen aus den Total Sales abzüglich aller variabler Kosten (Production Variables). Die Production Variables errechnen sich als Summe von Production Material und Other Variables. Am Ende eines jeden Astes entsteht nun eine Liste von Faktoren, die den jeweils letzten Teil des Astes beeinflussen. So ergibt sich der Gesamtumsatz aus den Verkäufen der fehlerfreien und der fehlerhaften Ware.

Als variable Kosten gelten einerseits die von der Ausbringungsmenge der Produktion abhängigen Faktoren wie Rohmaterialien, Energie- und Verpackungskosten (Production Variables). Andererseits zählen auch Elemente wie der Intra-Konzernhandel, das heißt Warenverschiebungen zwischen den einzelnen Werken zu speziellen Verrechnungspreisen, Lagermengenanpassungen, das heißt Waren, die nicht direkt an den Kunden gegeben werden, sondern erst werksintern zwischengelagert werden, und produktspezifische ausgelagerte Tätigkeiten, wie zum Beispiel eine Weiterbehandlung der Produkte, zu den variablen Kosten (Other Variables).

Im Block der fixen Kosten finden sich mengenunabhängige Faktoren wie Werkskosten (Produktionsfixkosten) und Instandhaltungskosten. Auch die Kosten, die nicht direkt durch die Produktion entstehen, gehören in den Block der fixen Kosten. Dazu zählen Personal-, EDV-/IT-, Marketing- und Vertriebs- sowie Verwaltungs- und F&E-Kosten (Forschung & Entwicklung).

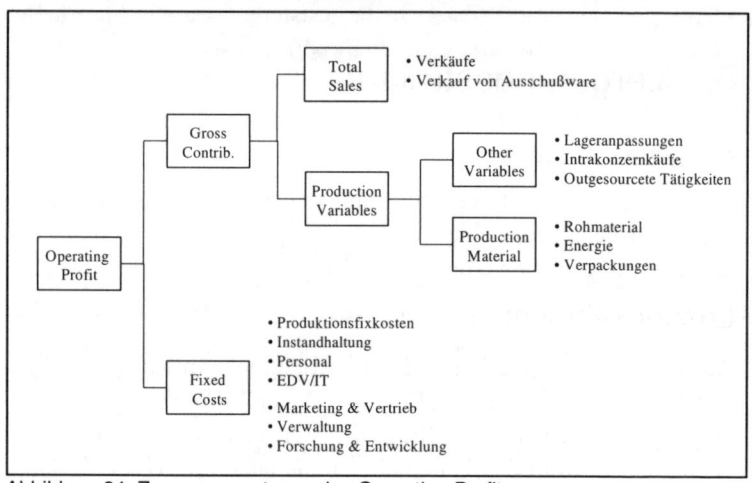

Abbildung 34: Zusammensetzung des Operating Profit

Ist der Logikbaum vollständig und nach dem MECE-Prinzip aufgebaut, so kann die Analyse beginnen. Um die negative Entwicklung des Operating Profit innerhalb einer bestimmten Zeitspanne erklären zu können, geht man wie folgt vor: Wenn sich auf der zweiten Ebene ein Element in unerwarteter Weise entwickelt, geht man hier eine Ebene tiefer, um die Ursache dieser Entwicklung zu ergründen. Diesen Weg verfolgt man, bis man schließlich einige wenige Faktoren am Ende der Äste gefunden hat, die einen großen Teil des

162

Abwärtstrends des Operating Profits erklären können. Nun versucht man zu erklären, warum sich diese Faktoren in dieser Form entwic??kelt haben und sucht eine Strategie, mit deren Hilfe die entsprechenden Faktoren wieder auf den gewünschten Entwicklungspfad zurückgeführt werden können.

Um eine fundierte Analyse zu gewährleisten, sollte man den Aufbau eines Logikbaumes nicht unterschätzen. Was auf den ersten Blick sehr banal wirkt, kann beim zweiten Hinsehen eine sehr sinnvolle Übung sein, um ein besseres Verständnis eines komplexen Sachverhaltes zu erhalten.

5.9 Vergütungsstruktur

Aufgabe:

Ein Versicherungsunternehmen zahlt seinen Vertretern ein monatliches Basisgehalt und eine Provision von 25 % bei Abschluss von neuen Verträgen. Bewerten Sie die Vergütungsstruktur!

Lösungsvorschlag:

Auch hier gibt es wiederum diverse „richtige" Antworten. Es handelt sich um einen Fall des „Principle-Agent"-Problems. Das Versicherungsunternehmen beauftragt die Vertreter, Versicherungen zu verkaufen. Sowohl das Unternehmen als auch die Vertreter haben bestimmte Interessen. Wie kann das Unternehmen nun die Bedürfnisse der Vertreter so erfüllen, dass diese in einer für das Unternehmen optimalen Art und Weise agieren? Unter diesem Gesichtspunkt muss die Vergütungsstruktur untersucht werden. Der Vertreter kann sein Einkommen über die Verkäufe der Versicherungen mitbestimmen. So könnte der Vertreter versucht sein, sehr teure Versicherungen an den Mann zu bringen, da er prozentual an der Abschluss-Summe beteiligt wird. Dabei jedoch vernachlässigt er möglicherweise das Risiko der versicherten Partei, was für das

Versicherungsunternehmen langfristig schlecht sein kann. Um dies zu vermeiden, sollte ein Vergütungssystem in Betracht gezogen werden, welches sich nicht ausschließlich an der Abschlusshöhe orientiert, sondern auch Faktoren wie Risiko, erwartete Versicherungsdauer und Ähnliches miteinbezieht. Der Einfluss der einzelnen Faktoren auf die Provision des Vertreters sollte ganz nach den individuellen Präferenzen und Zielstrukturen des Unternehmens gewichtet werden.

5.10 Strategieentwicklung

Aufgabe:

Der Geschäftsführer eines Audiokassetten-Herstellers ruft in heller Aufregung bei der Unternehmensberatung an. Er hat gerade seine neuen Verkaufszahlen erhalten und entsetzt festgestellt, dass die guten Umsätze des letzten Jahres dieses Jahr bei weitem nicht wieder erreicht werden. Die Beratung wird damit beauftragt herauszufinden, warum die Verkäufe so alarmierend schlecht laufen und was man dagegen tun sollte.

Zusatzinformationen auf Anfrage:

Zuerst muss der Bewerber mehr Informationen über den Markt und die Kundenstruktur erfragen. Darin könnten dann wie in den folgenden Antworten wichtige Informationen enthalten sein:

Markt: Der Kassettenmarkt ist eine reife Industrie (siehe Produktlebenszyklus), innerhalb derer es fünf bis sechs wichtige Anbieter gibt. Der Kunde hatte in den letzten Jahren immer einen recht konstanten Marktanteil von circa 30 Prozent und war damit die Nummer zwei auf dem Markt. Momentan hat der Kunde allerdings einen Marktanteil von 44 Prozent.

Produkte: Die Produktpalette des Kunden deckt alle Bereiche der Audiokassetten ab (von niederer Qualität bis zu Metallkassetten).

Produktion: Für die Produktion werden sehr ausgefeilte und qualitätsgetriebene Technologien verwendet.

Vertrieb: Der Kunde hat einige Vertriebsmitarbeiter verloren. Die übrigen Vertriebsleute melden allerdings Rekordverkäufe.

Kunden: Der Kunde penetrierte bisher primär zwei Konsumentengruppen: ältere Musikfans mit mittlerem Einkommen und Schüler.

Trend: In letzter Zeit hat der Kunde gerade im Bereich der jüngeren Kunden Anteile verloren.

Lösungsvorschlag:

Anhand der Information, dass in dieser reifen Industrie bei fallenden Umsätzen der Marktanteil dennoch signifikant steigt, lässt sich vermuten, dass andere Anbieter den Markt verlassen und der Markt als solches kleiner wird. Die anderen Anbieter entschließen sich wahrscheinlich auf Grund der Entwicklung neuerer und besserer substitutiver Technologien (zum Beispiel Compact Discs) zum Verlassen des Marktes.

Der Kunde hatte in den letzten Jahren einen konstanten Marktanteil, was für sehr loyale Kunden spricht, die kurzfristig nicht zu anderen Technologien wechseln. Angenommen, der Kunde will langfristig selbst Anbieter der neuen Technologie werden, um nicht ganz aus dem Markt zu kippen, und er hat die Kapazität, eine sehr gute Anbieterposition mit der herkömmlichen Produktpalette zu halten, dann sollte er das ältere Kundensegment kurzfristig forciert penetrieren. Zusätzlich müssen sich andere, bisher noch nicht belieferte Segmente finden lassen, die genau wie die älteren Kunden nicht gewillt sind, schon jetzt zur neuen Technologie überzugehen. Da die neue Technologie nicht aufzuhalten sein und möglicherweise langfristig die alte völlig verdrängen wird, sollte ebenfalls eruiert werden, welche Ressourcen eine Investition in die neue Technologie erfordert. Hierbei muss zwischen den Alternativen „Make" (Eigenherstellung) und „Buy" (Fremdbezug) abgewogen werden.

5.11 Vertriebsstruktur

Aufgabe:

Ein Hersteller von Haushaltstöpfen und -pfannen hat seinen Hauptsitz in Frankfurt/Main. Es werden hochqualitative Produkte hergestellt und in Spezialgeschäften und Kaufhäusern in ganz Deutschland vertrieben. Der Kunde beauftragt die Unternehmensberatung die Vertriebsstruktur zu überprüfen: Wie kann der Kunde bei derzeitigen Vertriebskosten von einer Million DM Geld sparen?

Lösungsvorschlag:

Der Vertrieb birgt meistens einen Konflikt zwischen Service und Kosten. Je höher der Service-Level ist, desto höher sind auch die Kosten.

Es muss herausgefunden werden, welche Art von Lager bei den Vertriebskanälen gehalten werden. Es stellt sich heraus (durch Information des Interviewers), dass die Geschäfte auf Grund der geringen Stückverkaufszahlen keinen Lagerbestand halten und deshalb Nachlieferungen über Nacht verlangen.

Als Nächstes müssen die Lagerhaltung und die Lokation der Lager des Produzenten überprüft werden. Der Kunde hat drei Lager, eines in Frankfurt, eines in Berlin und eines in München, von denen aus das gesamte Bundesgebiet beliefert wird. Die einzige Möglichkeit, wie die Ware aus den Lagern zu den Geschäften kommen kann, ist per Express-Post über Nacht, die nicht gerade die günstigste Variante ist. Falls die Lager vom Funktionsumfang identisch sind, kann auf die Lager Berlin und München verzichtet werden. Frankfurt liegt zentral, so dass von hier aus das gesamte Bundesgebiet über Nacht erreicht werden kann. So sollte mit dem jeweiligen Paketdienst ein Sondertarif ausgehandelt werden. Wenn man die Zahl der gelieferten Produkte erfragt, zum Beispiel 10 000 Einheiten, dann lässt sich errechnen, wie viel für den Transport eines Produktes bezahlt wird. Der Berater muss dann diese Summe, in diesem Fall 100 DM, deutlich senken, um die hohen Beratergebühren wert zu sein.

5.12 Merger

Aufgabe:

Eine Unternehmensberatung berät ein mittelständisches deutsches Unternehmen mit etwa 3 000 Mitarbeitern aus der Zulieferindustrie für Kraftfahrzeuge. Das Unternehmen liegt im weltweiten Vergleich der Jahresumsätze auf Rang vier. Ziel des Unternehmens ist es, die Weltmarktführerschaft zu erreichen.

Nach welchen Kriterien wird der beste Partner für einen Merger ausgewählt?

Lösungsansatz:

Hinsichtlich der Lösung gibt es eine Reihe von Ansatzpunkten. Im Folgenden sollen exemplarisch einige wichtige diskutiert werden.

Das erste Auswahlkriterium ist die Größenordnung der in Frage kommenden Unternehmen. Dazu sollten die Konkurrenten nach Umsatzzahlen in absteigender Reihenfolge betrachtet werden – mit dem kleinstmöglichen Partner sollte man noch Weltmarktführer nach Umsatz werden können. Damit werden zu kleine Unternehmen ausgeschlossen und die Zahl der in Frage kommenden Unternehmen begrenzt.

Dann werden die verbleibenden Unternehmen bezüglich Renditekennziffern, Umsatzwachstum (prozentual) und Kapitalsituation (ist das Verhältnis von Eigenkapital zu Fremdkapital ein gesundes?) untersucht. Sehr wahrscheinlich entfällt nach diesen Kriterien wieder das eine oder andere Unternehmen. Ebenso wichtig ist die Unternehmenspolitik der in der Auswahl verbliebenen Firmen. Hier gilt es zu untersuchen, ob beispielsweise eine „Cash-Strategie" oder

eine „Invest-to-Grow"-Strategie betrieben wird. Auch die markt-
politische Ausrichtung (Kundenorientierung) muss betrachtet
werden. Für einen positiven Zusammenschluss zweier Unternehmen ist es von eminenter Wichtigkeit, dass in der Unternehmenspolitik eine ähnliche Zielsetzung verfolgt wird.

Nach den bisher genannten Auswahlkriterien dürfte sich die Zahl
der verbleibenden Unternehmen auf ein übersichtliches Maß
reduziert haben. Im Folgenden betrachtet man mögliche Synergie-
effekte. Auch hier gibt es mit Sicherheit enorme Potenziale wie
zum Beispiel die Rationalisierung im Produktionsbereich oder die
Zusammenlegung von Unternehmensbereichen. Erfahrungsgemäß
gibt es sehr unterschiedliche Synergieeffekte bei möglichen Partnern. Die exakten Synergieeffekte können jedoch nur durch
gemeinsame Gespräche zwischen den möglichen Merger-Partnern
ermittelt werden.

Als Nächstes sollte man die Produktpalette, die Produktionsstandorte, die Absatzgebiete mit den jeweiligen Marktanteilen und das
technische Potenzial der Noch-Konkurrenten untersuchen. Die zentrale Frage hierbei ist, ob sich die Firmen ergänzen oder ob die
Tätigkeiten zu große Überschneidungen erkennen lassen, so dass
ein Zusammenschluss auf Grund enormer struktureller Änderungen
uninteressant wird. Ein Unternehmen mit alten Anlagen, die in der
nächsten Zeit erneuert werden müssen, lassen einen vorher interessanten Partner schnell uninteressant werden, da die Folgeinvestitio-
nen eine zu hohe Belastung wären.

Die Tatsache, dass ein Unternehmen vielleicht auf dem For-
schungssektor führend in den Bereichen Produkt- oder Produk-
tionstechnologie ist, macht dieses sicherlich sehr viel interessanter,
da hier Wettbewerbsvorteile klar quantifizierbar werden.

Eine ebenfalls in der Bedeutung nicht zu vernachlässigende Frage
ist das Beteiligungsverhältnis der beiden Partner. Hier gibt es die
Möglichkeit, in ein Minderheits- oder Mehrheitsverhältnis einzu-
steigen. Beides hat erhebliche Auswirkungen auf die Mitgestal-

Business World

Viele liegen gern im Hafen –

Wir suchen die Segler!

Gemini Consulting ist eine der führenden internationalen Top-Management-Beratungen. 1.900 Berater helfen namhaften Kunden in aller Welt bei der Sicherung und Stärkung ihrer Wettbewerbsposition. Die Basis für diese außerordentlichen und dauerhaften Ergebnisse liegt in der Kombination unseres internationalen Know-hows, des globalen Netzwerkes und des ganzheitlichen Beratungsansatzes Business Transformation^{SM}.

Herausforderungen suchen, Ziele ansteuern, Teampartner sein – die Analogie vom Segeln trägt weit in der Welt von Gemini Consulting. Harte Arbeit gehört dazu, viel Freiheit, und auch die tiefe Befriedigung, nach bewegten Wochen neue Ufer zu erreichen.

Wenn Sie in diesem Sinne auch ein »Segler« sind und schon während des Studiums bewiesen haben, daß Sie zu den Besten gehören, laden wir Sie herzlich ein, sich bei Gemini Consulting zu bewerben. Als Mitglied in internationalen Berater-Teams werden Sie aktiv vor Ort mithelfen, Unternehmen erfolgreich zu erneuern und für unsere Kunden in jeder Hinsicht herausragende Ergebnisverbesserungen zu erreichen. Kurz: »Know-how« und »Do-how«.

Wir bieten Ihnen ausgezeichnete Entwicklungsperspektiven, die Möglichkeit, berufsbegleitend zu promovieren und die Chance, erfolgreicher Consultant bei einer der ersten Adressen der Welt zu werden. – Wir freuen uns auf Ihre Bewerbung!

Gemini Consulting is a Cap Gemini Group Company. www.gemcon.de

Gemini Consulting GmbH, z.H. Frau Silke Kamphausen, Palais am Lenbachplatz, Ottostraße 4, D-80333 München Tel. +49/(0)89/55 196-520, Fax +49/(0)89/55 196-818.

GEMINI CONSULTING

When People Matter and Results Count^{SM}

tungsmöglichkeiten in dem neuen Unternehmen. Eine Mehrheitsbeteiligung bietet die Chance, die eigenen unternehmerischen Vorstellungen eher durchzusetzen. Dies ist im Falle der Minderheitsbeteiligung genau umgekehrt; eine negative Auswirkung auf die Motivation des eigenen Personals ist nicht auszuschließen. Trotzdem kann auch eine Minderheitsbeteiligung für ein erfolgreiches Bestehen der eigenen Firma in der Zukunft die richtige Entscheidung sein.

In die Überlegung über einen Zusammenschluss sollte mit eingehen, dass man den neuen Firmensitz zum Beispiel in ein Land mit einer niedrigeren steuerlichen Belastung verlegen kann. Dies sollte sowohl für die Gewinnsituation des Unternehmens als auch für die Mitarbeiter ein Anreiz sein.

Auch für das Management der neuen Firma stellt die gestiegene Verantwortung einen besonderen Anreiz dar. Dies schlägt sich erfreulicherweise auch meist in einer höheren Vergütung nieder, was die Einstellung zum Merger erleichtert und so manche Veränderung, wie zum Beispiel den eventuellen Wohnortwechsel, erträglicher erscheinen lässt.

Im Folgenden wird kurz auf den klassischen Ablauf eines Mergers eingegangen. Die üblichen Schritte sehen wie folgt aus:

1. Interne Überlegungen bezüglich möglicher Partner.

2. Prioritätenliste für Wunschpartner.

3. Kontaktaufnahme mit interessanten Unternehmen.

4. Bei beiderseitigem Interesse Geheimhaltungsabkommen mit einem (eventuell auch mehreren) Unternehmen zwecks Austausch gegenseitiger Kerninformationen, um die Sinnhaftigkeit eines Zusammenschlusses zu prüfen.

5. Bei positivem Ergebnis, Abschluss eines „Letter of Intents", das heißt eine für beide Partner verbindliche Absichtserklärung (eventuell Veröffentlichung des Vorhabens).

6. Beiderseitige „Due Diligence", das heißt tiefere Einsichtnahme in alle Geschäftsvorgänge des Partners, meist vor Ort.

7. Ausarbeitung der Detailverträge, Einholung der kartellrechtlichen Genehmigung sowie Festlegen der organisatorischen und betriebswirtschaftlichen Rahmenbedingungen des neuen Unternehmens.

8. Start des neuen gemeinsamen Unternehmens.

5.13 Marktsegmentierungscase

Aufgabe:

Der Kunde ist Hersteller einer Luxusmarke in der Automobilbranche. Er hat Deutschland in 40 Vertriebsgebiete eingeteilt und in diesen sehr unterschiedliche Marktanteile realisiert. Er will die Ursachen für die Unterschiede verstehen und daraufhin sein Vertriebskonzept optimieren. In der besten Region beträgt der Marktanteil des Kunden 30 Prozent, in 34 Gebieten 15–20 Prozent und in den fünf letzten Regionen 8–12 Prozent.

Wie kann man nun die groben Unterschiede zwischen den Regionen erklären, und wie können die 5 Prozent Unterschied in den mittleren Gebieten zu Stande kommen?

Lösungsvorschlag:

I. Beste Region

Aus den folgenden Gründen ist die beste Region aller Wahrscheinlichkeit nach das Gebiet um das Stammwerk:

- Ein Automobilhersteller bietet seinen Mitarbeitern besondere Konditionen, so dass diese günstig die eigene Marke kaufen können.

- Die Region ist stolz auf „ihre" Marke als Vorzeigeunternehmen der Region und zeigt besondere Loyalität.

- Durch Direktkäufe ab Werk umgehen die Kunden die Margen der Autohäuser.

II. Schlechte Regionen

Vermutlich befinden sich die niedrigen Marktanteile in den neuen Bundesländern:

- Der Kunde ist Hersteller einer Luxusmarke. Trotz des schnellen Angleichens der Lebensstandards in den neuen Bundesländern an das Westniveau werden hier wahrscheinlich noch kleinere Autos gefahren.

- Möglicherweise hat es der Kunde noch nicht geschafft, das gleiche Image wie in den alten Bundesländern aufzubauen. Vielleicht wird auch eine andere Marke als das Statussymbol angesehen.

III. Mittlere Regionen

Die Filialen betreffend:

- Anzahl der Vertriebsfilialen: Je mehr Filialen das Unternehmen hat, desto größer ist das Bewusstsein für die Marke.

- Anzahl der Mitarbeiter pro Filiale: Je mehr Mitarbeiter in der Filiale beschäftigt sind, desto besser kann man die Kunden betreuen, was zu deren Zufriedenheit und Folgekäufen führt.

- Marketing-Aktivitäten der einzelnen Filialen: Über Aktivitäten (z. B. Aktionswochen) kann man das Bewusstsein für die Marke beeinflussen und erhöhen.

- Zahlungskonditionen der Filialen: Attraktive Zahlungsmodalitäten ermöglichen mehr Kunden, Autos einer Luxusmarke zu kaufen.

- Modellportfolio der Filiale: Ein breites Produkt- oder Leistungsportfolio zeigt die Vielseitigkeit der Marke und gibt dem Kunden die Möglichkeit, seine individuellen Wünsche zu befriedigen.

Generelle Konkurrenzsituation:

- Je mehr Konkurrenzfilialen in der Region vorhanden sind, desto härter wird der Wettbewerb. Hierbei zählen nicht nur andere Luxusmarken als Konkurrenz, sondern auch Anbieter von Mittelklassewagen, da die Käuferschichten nicht überschneidungsfrei sind.

Demographische Gründe:

- Einkommensverhältnisse in der Region: Ist das Durchschnittseinkommen der Region eher hoch oder niedrig?

- Städtische oder ländliche Gegend: In ländlichen Regionen um ein Ballungszentrum wohnen möglicherweise viele Pendler, die wegen der vielen täglich gefahrenen Kilometer ein sicheres und komfortables Auto besitzen möchten.

- Altersstruktur in der Region: Junge Menschen sind nicht so sehr an einer Luxusmarke interessiert wie etabliertere Zeitgenossen. Dies liegt zum einen am Fahrstil und zum anderen an der finanziellen Situation.

Wenn man mögliche Ursachen für die unterschiedlichen Marktanteile in den einzelnen Regionen erarbeitet hat, kann man anhand dieser die zukünftigen Vertriebsaktivitäten organisieren. Hierzu sollten so genannte „Best-in-Class"-Filialen ausfindig gemacht werden. Dies sind Filialen, die bei bestimmten Aktivitäten außerordentlich gute Ergebnisse erzielen. Die Eigenschaften müssen auf ihre Übertragbarkeit und Anwendbarkeit auf andere Filialen geprüft werden.

5.14 Profitabilitätsverbesserung

Aufgabe:

Ein Unternehmen aus der Körperpflegebranche mit zwölf Zweigstellen möchte in kurzer Zeit expandieren und seine Filialenzahl in zwei Jahren verdoppeln. Das Unternehmen konzentriert sich auf den reinen Vertrieb der Körperpflegeprodukte. Die Geschäftsidee hat sich als sehr erfolgreich herausgestellt. Im Zuge dieses Vorhabens wird die ganze Unternehmensorganisation in Frage gestellt. Eine Unternehmensberatung wird mit der Untersuchung der Möglichkeiten eines solchen Vorhabens beauftragt.

Lösungsvorschlag:

Der Bewerber muss sich durch eine Vielzahl von Fragen an die mögliche Lösung der Fallstudie herantasten. Diese Fragen sollten auf einem hohen Abstraktionsniveau beginnen. Die Fragen und die Antworten des Interviewers könnten wie folgt aussehen:

– Hat das Unternehmen die finanziellen Mittel, um die Expansion selbst zu finanzieren?

nein

– Ist das für das Vorhaben benötigte Kapital als Fremdkapital zu beschaffen?

nicht in ausreichender Menge

– Bieten alle Zweigstellen die gleichen Leistungen an?

ja

– Sind die Zweigstellen des Unternehmens unterschiedlich aufgebaut oder folgen der Aufbau und die Arbeitsweise einem einheitlichen Schema?

es gibt keine signifikanten Unterschiede

– Werden verschiedene unternehmerische Aktivitäten von einer zentralen Stelle durchgeführt?

173

die Zweigstellen arbeiten weitgehend autonom

– Ist die Zentralisierung von Geschäftsprozessen möglich?

ja

Aus diesen Ergebnissen sollte der Bewerber zu der Erkenntnis gelangen, dass an diesem Punkt zunächst einmal eine Neuorganisation der ganzen Unternehmensstruktur möglich und wahrscheinlich auch nötig ist. Das schließt die Zentralisierung von verschiedenen Arbeitsprozessen wie beispielsweise des Einkaufs oder des Marketings mit ein. Diese Erkenntnis und die folgende strukturierte Betrachtung der Möglichkeiten stellen das Minimalziel dieser Fallstudie dar.

Der Clou der Neukonzeption liegt in der Einführung eines Franchise-Systems. Der Interviewer kann die Bearbeitung dieser Fallstudie in die gewünschte Richtung lenken.

In diesem Fall sollten die Grundbegriffe des Franchise-Systems dem Bearbeiter des Falles geläufig sein. Dieses Wissen ist auch die Grundvoraussetzung für das Erkennen des Lösungsweges und die Konzipierung der Unternehmensstruktur.

Die Idee des Franchise-Systems wird an dieser Stelle nur kurz angeschnitten. Das System beruht auf einer Art Arbeitsteilung zwischen dem Franchise-Geber und dem Franchise-Nehmer. Diesen Zusammenhang verdeutlicht die folgende Abbildung.

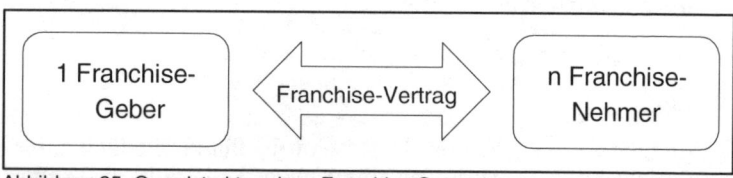

Abbildung 35: Grundstruktur eines Franchise-Systems

Der Franchise-Geber entwickelt ein Unternehmenskonzept, testet dieses und reicht es bei erfolgreicher Umsetzung an Franchise-Nehmer weiter. Weiterhin sorgt er für die laufende Schulung der Franchise-Nehmer in allen betrieblichen Bereichen. Zu den Aufgabenfeldern gehört unter anderem auch die überregionale Werbung und die Hilfe bei der Filialgründung.

Im Gegenzug zahlen die Franchise-Nehmer neben Einstiegs- und Schulungsgebühren auch einen Anteil an ihrem Umsatz an den Franchise-Geber. Sie übernehmen dafür ein professionell geplantes und häufig erfolgreich angewendetes Unternehmenskonzept.

Aus dieser Arbeitsteilung ergeben sich vielfältige Vorteile für beide Seiten:

- Franchise-Geber:

    - streut das unternehmerische Risiko

    - kann schnell neue Märkte penetrieren

    - kann sich auf Kernaufgaben konzentrieren

    - löst somit das Problem der Finanzmittelbeschaffung für die Expansion

- Franchise-Nehmer:

    - übernimmt erfolgreiches Konzept

    - hat kalkulierbares Risiko bei Geschäftseröffnung und in der Regel überschaubare Investitionen

    - durch überregionale Werbung hoher Wiedererkennungswert des Unternehmens

    - häufig von Beginn an Gewinnerwirtschaftung

    - nutzt Schulungen und Unterstützung

Mit diesem Konzept wird eine Möglichkeit dargestellt, die Aufgabenstellung zu lösen. Dabei sollte man die Neuorganisation und die daraus entstehenden Implikationen für das Geschäft anhand eines Rahmenkonzeptes untersuchen. In dieser Fallstudie wird die Wertschöpfungskette von Michael Porter genutzt, die zwischen den primären und sekundären betrieblichen Aktivitäten unterscheidet.

An dieser Stelle sind viele Konstellationen zur Verteilung der Tätigkeiten zwischen den beiden Partnern denkbar. Abbildung 35 beinhaltet eine der möglichen Varianten.

Abbildung 36: Übersicht über betriebliche Aktivitäten

Zunächst werden die fünf primären Aktivitäten betrachtet. Hier bieten sich einige Potenziale zur Zentralisation.

I. Eingangslogistik

Die erste primäre Aktivität der Wertschöpfungskette wird in diesem Fall dem Tätigkeitsfeld der Filialen, also dem Franchise-Nehmer, zugerechnet. Dies beinhaltet unter anderem den Eingang und die Kontrolle der Ware.

II. Handel

In der ursprünglichen Wertschöpfungskette beinhaltet die zweite primäre Aktivität die Produktion. Da es in diesem Fall um einen reinen Handel mit Waren geht, wird dieser Aktivitätsbereich der Fallstudie angepasst. Dieses Aufgabenfeld wird der Filiale zugeordnet.

III. Ausgangslogistik

Ebenso wie die Eingangslogistik gehört die Ausgangslogistik in dieser Lösungsvariante zu dem Tätigkeitsbereich der Filiale. An

176

dieser Stelle kann sicherlich auch eine Arbeitsteilung mit dem Franchise-Geber erfolgen.

IV. Marketing

Das Marketing wird bei der Umstrukturierung der betrieblichen Aktivitäten zentralisiert und somit dem Franchise-Geber zugeordnet.

V. Service

Der Service wird wie das Marketing von einer zentralen Stelle, also dem Franchise-Geber, organisiert und durchgeführt. Die Zentralisation dieser Aktivitäten ermöglicht den Einsatz von Spezialisten, die sämtliche service-bezogenen Tätigkeiten aller Filialen übernehmen. Dieser Unternehmensbereich kann mit voller Auslastung arbeiten.

Der zweite Teil der Wertschöpfungskette betrachtet die sekundären Aktivitäten eines Unternehmens. In diesem Fall werden sämtliche Aktivitäten von der zentralen Instanz des Franchise-Gebers übernommen. Dazu gehört neben dem General Management des Unternehmens auch die Unterstützung der Filialen bei personaltechnischen Fragen. Der Frachise-Geber ist zudem für die Entwicklung und Installation eines unternehmensinternen und -übergreifenden Informationssystems verantwortlich. Das beinhaltet unter anderem die Entscheidungen bezüglich des Technologieeinsatzes. Außerdem ermöglicht die zentrale Beschaffung von Produktionsfaktoren, die in diesem Fall Waren darstellen, erhebliche Kosteneinsparpotentiale für das gesamte Unternehmen.

Durch die in Interaktion mit dem Interviewer erhaltenen Informationen und die daraus abgeleiteten Lösungsansätze kann der Bewerber die folgenden Schlüsse ziehen:

– Zur Durchführung der Expansion ist eine Umorganisation des Unternehmens erforderlich.

- Durch den Einsatz eines Franchise-Systems erhält der Unternehmer das Kapital und die Manpower, um auf schnelle Weise sein Filialnetz zu erweitern.

- Durch die Zentralisation von bestimmten Aktivitäten und den Einsatz von Spezialisten können Kostenvorteile realisiert werden.

- Die Filialen können sich ganz auf ihr Kerngeschäft, den Handel von Körperpflegeprodukten, konzentrieren.

5.15 Globale Strategieentwicklung

Aufgabe:

Ein Unternehmen, das als Weltmarktführer erfolgreich Produkte für den Profi- und Heimwerkerbereich herstellt, wird mit einem sinkenden Umsatz konfrontiert. Dies bewirkt einen Rückgang in der Profitabilität. Der Vorstand des Unternehmens sieht sich zum Handeln gezwungen und schaltet eine Unternehmensberatung ein, die eine neue globale Strategie entwickeln soll.

Lösungsvorschlag:

Diese Aufgabenstellung bietet zu Beginn der Analyse ein breites Spektrum zur Betrachtung an. Eine systematische Vorgehensweise und der Einsatz eines Rahmenkonzeptes sind von elementarer Wichtigkeit. Wie in vielen anderen Fallstudien bieten sich mehrere der beschriebenen Frameworks an. In diesem speziellen Beispiel wird die SWOT-Analyse genutzt.

Der Bewerber sollte sich zu Beginn der Bearbeitung durch gezielte Fragen den Problempunkten der Fallstudie nähern. Der hier beschriebene Lösungsvorschlag beinhaltet lediglich einen Bruchteil der möglichen Fragen und Antworten. Dennoch könnte die Bearbeitung auf diese Weise verlaufen.

I. Interne Analyse: **S**trengths and **W**eaknesses

Die interne Analyse dient der Identifikation von Stärken und Schwächen des Unternehmens.

- Hat sich die Kostenstruktur des Unternehmens in der Vergangenheit nachteilig entwickelt?

  nein

- Sind Kosteneinsparpotenziale realisierbar?

  eventuell

- Sind Kosteneinsparpotenziale in der Vergangenheit realisiert worden?

  nein

- Welche Märkte werden von dem Unternehmen bedient?

  die Märkte 25 verschiedener Länder

- Wo werden die Leistungen produziert und vertrieben?

  in 20 verschiedenen Ländern wird produziert und die Märkte beliefert

  auf diese Weise erfolgt eine optimale Anpassung an individuelle Markterfordernisse

- Werden die verschiedenen Märkte mit unterschiedlichen Produkten bedient?

  ja, aber die Basiskomponenten variieren nur geringfügig

- Wie werden diese Basiskomponenten entwickelt?

  dezentral in den einzelnen Werken

- Agieren die einzelnen Werke autonom oder werden sie von einer zentralen Instanz gesteuert?

  sie agieren weitgehend autonom

- Sind die Kommunikationswege zwischen den Standorten gut ausgebaut?

   nein

- Sind diese Werke kapazitätsmäßig ausgelastet?

   nein

- Worauf baut die Unternehmens- und Marktstrategie auf?

   auf Qualitätsführerschaft

Aus diesen Informationen erhält man einen ersten Überblick über relevante interne Faktoren, die für die Entwicklung des Unternehmens verantwortlich sind.

Die Kostenstruktur des Unternehmens hat sich nicht nachteilig entwickelt. Es wurden aber auch keine Kosteneinsparpotenziale realisiert. Diese Tatsache spricht sicher nicht für das betrachtete Unternehmen, da dieses immer bemüht sein sollte, seine Kostenstruktur zu verbessern. Dieser Punkt wird, da er nicht von zentraler Bedeutung für die Fallstudie ist, zunächst vernachlässigt.

Interessanter ist die Tatsache, dass die internationalen Märkte von weitestgehend autonom agierenden Niederlassungen bedient werden. Jeder Standort bestimmt eigenständig unter anderem über seinen Einkauf, das zu vertreibende Sortiment, die Art der Vertriebswege und die Forschung und Entwicklung. Dies dient dem Ziel, die Produktpalette optimal den individuellen Markterfordernissen anzupassen. Des Weiteren ist die Anzahl der Werke im Vergleich zu den Märkten erstaunlich.

Aus diesen Tatsachen kann man die Erkenntnis ziehen, dass die Unternehmensstruktur mit großer Wahrscheinlichkeit viele Redundanzen beinhaltet. Dafür spricht auch die geringe Kapazitätsauslastung der Produktionsstätten. Kosteneinsparpotenziale sind durch eine Neuorganisation der gesamten Unternehmensstruktur möglich. Das schließt die Zusammenführung und Schließung von einigen

180

Werken sowie die Reduzierung der Mitarbeiterzahl und Betriebsmittel mit ein. All dies führt wiederum zu einer höheren Kapazitätsauslastung und dadurch zu geringen Kosten.

Außerdem könnten einige Unternehmensbereiche wie die Forschung und Entwicklung zentralisiert werden. Die Bündelung solcher Unternehmensaktivitäten wird sicherlich große Synergie-Effekte erzeugen. Auf diesem Wege können die Produkte stärker auf Basiskomponenten aufgebaut und als Varianten für die unterschiedlichen Markterfordernisse geringfügig modifiziert werden. Durch die zentrale Forschung erreichen Neuentwicklungen schneller die Märkte.

Die vielen verteilten Standorte erfordern den Einsatz moderner Kommunikationswege.

Neben der Betrachtung der vielen Schwächen sollte die elementare Stärke des Unternehmens nicht vernachlässigt werden. Immerhin agiert es als Qualitätsführer auf dem Weltmarkt. Bei der Neuorganisation der gesamten Unternehmensstruktur darf die Leistungsqualität nicht leiden; sie sollte im Vergleich zur Konkurrenz ausgebaut werden. Die Nachteile in der Organisationsstruktur könnten durch gezielte Maßnahmen in komparative Vorteile umgewandelt werden.

II. Externe Analyse: Opportunities and Threats

Bei der Betrachtung des externen Umfeldes werden die Möglichkeiten und Gefahren im Wettbewerb analysiert, wobei viele marktbezogene Aspekte betrachtet werden müssen. An dieser Stelle kann man zur strukturierten Vorgehensweise das Five-Forces-Modell nutzen; in diesem Fall wird jedoch ohne dieses Hilfsmittel vorgegangen, und anhand der Fragen und Antworten des Interviewers werden die Kernpunkte der Fallstudie eingegrenzt.

– Wie hat sich das gesamte Marktvolumen entwickelt?

leicht abfallend

- Haben sich einzelne Märkte vom Umsatz her nachteilig für das Unternehmen entwickelt?

    gleiche Entwicklung wie Gesamtweltmarkt

- Liegen volkswirtschaftliche Gründe für den Umsatzrückgang vor?

    Rezession teilweise verantwortlich

    Wechselkurse haben sich zum Nachteil des Unternehmens verändert

- Verlieren die wichtigen Konkurrenzanbieter auch an Umsatz?

    nein, Hauptkonkurrent aus Japan hat sogar an Marktanteilen gewonnen

- Sind neue Wettbewerber hinzugekommen?

    nein

- Welche Strategie verfolgt der Hauptkonkurrent aus Japan?

    Preisführerschaft

    Produktion von Standardprodukten mit geringer Variantenzahl

Aus diesen wenigen Fragen ergeben sich einige prägnante Punkte: Der gesamte Weltmarkt verzeichnet einen Rückgang beim Umsatzvolumen, was teilweise auf eine Rezession in einigen der penetrierten Märkte zurückzuführen ist. Dies wiederum ist sicherlich für den Umsatzrückgang des betrachteten Unternehmens verantwortlich. Ein weiterer Grund für diesen Rückgang ist die Verschlechterung der Wechselkurse.

Erstaunlich ist die Tatsache, dass der Hauptkonkurrent aus Japan seinen Umsatz steigern und dadurch seine Marktposition verbessern konnte. In diesem Zusammenhang spielt mit Sicherheit die Preisführerschaft des Konkurrenten eine entscheidende Rolle, wogegen die Qualität der Leistungen im Vergleich zum Preis lediglich eine untergeordnete Rolle spielt.

In jedem Fall muss das Unternehmen auf die Veränderungen in den Märkten reagieren.

Aus diesen Aspekten der Fallstudie kann man die folgenden Schlüsse ziehen:

– Eine neue Unternehmensstrategie ist nötig, um im Wettbewerb bestehen zu können. Neben der Qualitätsführerschaft sollte das Unternehmen das Preisniveau seiner Produkte überdenken.

– Eine Neuorganisation mit der Bildung von Competence-Centern (zum Beispiel Forschung und Entwicklung) sowie der Zusammenlegung und Schließung von Werken ist angebracht. Dazu gehört auch der Einsatz moderner Kommunikationsmedien.

– Die Anzahl der Basiskomponenten und deren Varianten sollte verringert werden.

5.16 Kostenstrukturanalyse

Aufgabe:

Ein Unternehmen, das in der Verpackungsindustrie tätig ist, hat vor einigen Jahren einen profitabel agierenden ausländischen Mitkonkurrenten aufgekauft. Bis zum heutigen Zeitpunkt haben sich jedoch auf der Kostenseite keine nennenswerten Einsparungen ergeben. Die Unternehmensleitung engagiert eine Unternehmensberatung, um Kosteneinsparpotenziale aufzudecken.

Lösungsvorschlag:

In diesem Fall wurde ein Mitkonkurrent aufgekauft, was eine horizontale Integration der Wertschöpfung in dieser Industrie darstellt.

Diese Investition kann auf viele Gründe zurückgeführt werden. Dazu zählt sicherlich die gestiegene Leistungsfähigkeit und Marktmacht des neuen Unternehmens. Sicherlich werden durch die Integration verschiedener Unternehmensaktivitäten Synergiepotenziale möglich, wie die folgende Abbildung andeutet.

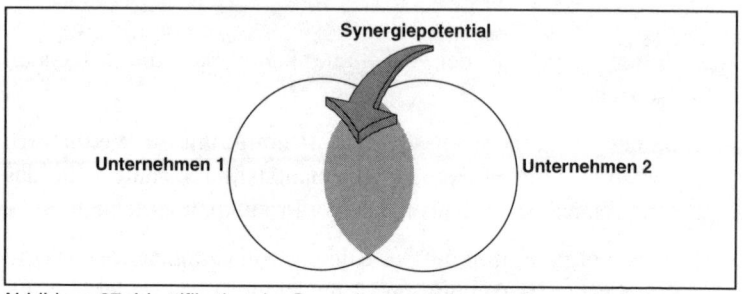

Abbildung 37: Identifikation der Synergiepotenziale

Bei der Integration sollen redundante Tätigkeiten, die in beiden Unternehmen ausgeführt wurden, vermieden werden. Die grundlegende Feststellung über Integrationspotenziale stellt das Minimalziel dieser Fallstudie dar. Darüber hinaus muss der Bewerber mögliche Potenziale lokalisieren. Eine strukturierte Vorgehensweise ist dabei von elementarer Bedeutung. Die Erarbeitung der relevanten Potenziale erfolgt wie in den meisten Fallstudien durch Interaktion mit dem Interviewer.

Bei der alleinigen Analyse der unternehmerischen Aktivitäten und den damit verbundenen Kostenstrukturen bietet sich die Wertschöpfungskette, die zwischen den primären und sekundären Aktivitäten differenziert, als Rahmenkonzept an.

Wie Abbildung 38 verdeutlicht, werden zwei zunächst eigenständig agierende Unternehmen zu einem Gesamtunternehmen zusammengefügt. Dabei werden verschiedene Aktivitätsbereiche zusammengefasst. Die Abbildung beschreibt eine mögliche Variante.

Einige der wertschöpfenden Funktionen sollten nach wie vor in beiden Unternehmen separat ausgeführt werden. Diese Aktivitäten sind in der Abbildung grau unterlegt.

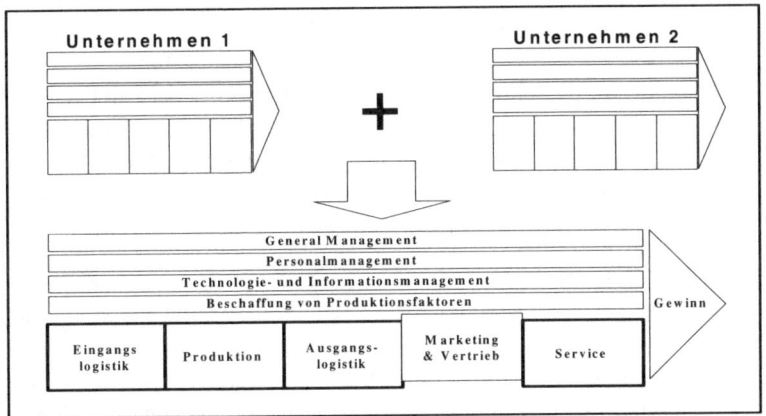

| Unternehmen 1 | | | | | Unternehmen 2 |

General Management					
Personalmanagement					
Technologie- und Informationsmanagement					
Beschaffung von Produktionsfaktoren					Gewinn
Eingangs logistik	Produktion	Ausgangs- logistik	Marketing & Vertrieb	Service	

Abbildung 38: Realisierung von Synergien

I. Primäre Aktivitäten

Die erste von Porter identifizierte primäre Aktivität ist die *Eingangslogistik*. Dieser Tätigkeitsbereich birgt bei räumlicher Nähe der beiden Unternehmen sicherlich erhebliche Synergiepotenziale durch – unter anderem – eine Zusammenlegung der beiden Lager. Dieser Umstand ist in vorliegender Fallstudie nicht gegeben. Aus diesem Grund wird auf eine komplette Integration der Eingangslogistik und den damit verbundenen Aktivitäten wie der Wareneingangskontrolle verzichtet. Allerdings besteht die Möglichkeit, zum Beispiel die Automation der Eingangslogistik beider Werke anzugleichen oder die Mindestlagerbestände zu minimieren. Die mögliche Ersparnis wird bei 3 Millionen DM Gesamtkosten der Eingangslogistik mit 0,5 Prozent beziffert.

Die *Produktion* ist die zweite primäre Aktivität der Wertschöpfungskette. Auch sie könnte in bestimmten Fällen zusammengeführt werden. Da in diesem Fall das zweite Unternehmen im Ausland produziert und dessen Markt in besonderem Maße beliefert, wird auf die Zusammenlegung der beiden Produktionsstandorte verzichtet. Deshalb ist diese Aktivität in Abbildung 37 fett umrandet. Im Bereich der Produktion ist der Einsatz eines zentral lokalisierten Leitstandes denkbar. Dieser hätte die Aufgabe, den optimalen Produktionsmix der beiden Standorte zu bestimmen. Dabei müssen unter anderem die Maschinenauslastung, der Leistungsgrad der Maschinen sowie die Transportkosten berücksichtigt werden. In diesem Zusammenhang ist die Bildung von Competence-Centern im Bereich der Produktion denkbar. Dabei würden sich die Standorte auf die Produktion bestimmter Produkte konzentrieren. Wahrscheinliches Einsparpotenzial: 1,5 Prozent, bezogen auf 50 Millionen DM Produktionskosten.

Die dritte primäre Aktivität beinhaltet die *Ausgangslogistik*. Eine Zusammenlegung der beiden Ausgangslager ist wegen der beiden Produktionsstätten auch in diesem Bereich kaum möglich. Bei der Distribution der betrieblichen Leistung sollten allerdings Synergiepotenziale realisierbar sein. Durch die gestiegene Marktmacht des Unternehmens sind günstigere Konditionen bei extern beauftragten Transportunternehmen möglich. Man rechnet mit einem Einsparpotenzial von 2 Prozent bei den in diesem Bereich entstehenden Kosten von 5 Millionen DM.

Der einzige primäre Aktivitätsbereich, der in diesem Lösungsansatz von einer zentralen Stelle durchgeführt wird, ist der Bereich *Marketing & Vertrieb*. Dieser Unternehmensbereich wird von einer zentral gelegenen Stelle für das Gesamtunternehmen optimiert. Durch die Optimierung der Arbeitsabläufe und die Verringerung von Redundanzen können fünf Mitarbeiter der unteren Gehaltsgruppen und drei der mittleren Gehaltsgruppen freigestellt werden. Unter der Annahme, dass ein Mitarbeiter der unteren Gehaltsgruppe durchschnittlich 80 000 DM und ein Mitarbeiter der mittleren Gehaltsgruppe durchschnittlich 100 000 DM an Kosten im Jahr verursacht, ist im Personalbereich ein Einsparpotenzial von 700 000 DM realisierbar. Des Weiteren sollten unter anderem durch gemeinsam durchgeführte Marketing-Maßnahmen 5 Prozent der gesamten Marketing-Kosten in Höhe von 4 Millionen DM einzusparen sein.

Die letzte primäre Aktivität beinhaltet den *Service*. Dieser wird in unserem Fall weiterhin von den beiden Produktionsstätten separat durchgeführt. Aus diesem Grund ist der Bereich in Abbildung 37 grau unterlegt. Diese Entscheidung beruht zum großen Teil auf der räumlichen Distanz der beiden Werke und den unterschiedlichen Märkten, die von ihnen bedient werden. Dabei müssen länderspezifische Aspekte besondere Beachtung finden. Die Einsparpotenziale in diesem Bereich werden von dem Interviewer als zu vernachlässigen angegeben.

II. Sekundäre Aktivitäten

Zu den sekundären Aktivitäten zählt das *General Management*. In unserem Fall wird dieses sinnvollerweise zentralisiert. Aus den beiden oberen Managementebenen der Unternehmen wird das General Management gebildet, das für die gesamten Unternehmensaktivitäten verantwortlich ist. Durch die Zusammenführung werden vier Managementpositionen nicht mehr benötigt. Die betroffenen Personen werden mit sofortiger Wirkung freigestellt. Dieser Vorgang verursacht zunächst keine Kostenentlastung, da als Ausscheidungsprämie zwei Jahresgehälter von durchschnittlich 120 000 DM gezahlt werden müssen. Mittelfristig ist mit einer durchschnittlichen jährlichen Einsparung pro Manager von 175 000 DM zu rechnen.

Im *Personalmanagement*, das wie das General Management zu den sekundären Aktivitäten der Wertschöpfungskette gerechnet wird, sind durch die Integration der beiden Abteilungen auch Kosteneinsparpotenziale realisierbar. Eine Zentralisierung der personalbezogenen Aktivitäten ermöglicht die Freistellung von vier Mitarbeitern der Personalabrechnung und -betreuung. Diese sind der mittleren Gehaltsstufe zuzurechnen. Zusätzlich können bei der innerbetrieblichen Fortbildung durch die gestiegene Zahl der Mitarbeiter 10 Prozent des Budgets von 750 000 DM eingespart werden. In der Summe ergibt dies ein Kosteneinsparpotenzial von 75 000 DM.

Der Arbeitsbereich des *Technologie- und Informationsmanagements* bietet in diesem Fall weitere Möglichkeiten der Integration.

Die Informationssysteme der beiden Unternehmen sollten vereinheitlicht werden. Dies kann durch betriebswirtschaftliche Standardanwendungssoftware erfolgen. Diese Forderung lässt sich sinnvollerweise auch an die vertikale Wertschöpfungskette stellen. In diesem Zusammenhang werden Datenformate angeglichen und ein einheitlicher Transfer von Daten und Wissen wird ermöglicht. In vorliegendem Fall wurde die Implementierung eines einheitlichen Informationssystems noch nicht durchgeführt. Kurzfristig werden dem Unternehmen daher erhebliche Kosten durch die Implementierung dieses Systems entstehen. Da mittelfristig realisierbare Einsparpotenziale zu diesem Zeitpunkt nur schwer abschätzbar sind, wird diese sekundäre Aktivität bei der Berechnung eines Gesamteinsparpotenzials nicht berücksichtigt.

Die letzte sekundäre Aktivität der Wertschöpfungskette beinhaltet die Beschaffung der Produktionsfaktoren. Durch den Zusammenschluss der beiden Unternehmen hat sich die Verhandlungsposition gegenüber den Lieferanten deutlich verbessert. Für das Unternehmen können günstigere Konditionen bei der Beschaffung der Produktionsfaktoren ausgehandelt werden. Es wird mit Einsparungen von 0,5 % bei einem Einkaufsvolumen von 70 Millionen DM kalkuliert.

Aus diesen Informationen sollten die folgenden prägnanten Schlüsse gezogen werden:

- Durch die Zentralisierung einzelner redundanter Unternehmensbereiche sind Einsparpotenziale realisierbar.

- Das gesamte Kosteneinsparpotenzial beträgt jährlich etwa 3,3 Millionen DM.

5.17 Produktivitätsvergleich

Aufgabe:

Das Jahresergebnis eines Unternehmens der Werkzeugindustrie hat sich im letzten Geschäftsjahr dramatisch verschlechtert. Die Gesamtkosten betrugen 3,4 Millionen DM, es wurden 40 000 Produkte zu einem durchschnittlichen Preis von 100 DM verkauft. Das Unternehmen beschäftigt 500 Mitarbeiter. Die Geschäftsführung plant eine größere Spezialisierung ihrer Produktpalette. Eine Unternehmensberatung wird beauftragt, die negative Entwicklung zügig zu untersuchen und die Planung der Geschäftsführung kritisch zu betrachten. Als Ausgangspunkt sollte ein Vergleich zum Branchendurchschnitt erfolgen.

Lösungsvorschlag:

Bei der Betrachtung der gegebenen Daten sollte die Ermittlung der Wirtschaftlichkeit und der Produktivität den Ausgangspunkt bilden. Die relevanten Vergleichsdaten anderer Unternehmen dieser Branche erhält der Bewerber auf Anfrage:

Die durchschnittliche Wirtschaftlichkeit der Branche liegt bei einem Wert von 1,3 (Umsatz dividiert durch Kosten) und die durchschnittliche Arbeitsproduktivität der Branche beträgt 90 Stück pro Mitarbeiter.

Bei der Analyse der gegebenen Daten ergeben sich bei korrekter Berechnung die folgenden Kennziffern für das betrachtete Unternehmen:

$$Wirtschaftlichkeit = \frac{100 \ x \ 40\ 000}{3\ 400\ 000} = 1{,}176$$

$$Arbeitsproduktivität = \frac{40\ 000}{500} = 80$$

Aus diesen Kennziffern lassen sich zunächst einige Schlüsse bezüglich der unternehmerischen Leistung ziehen.

Die Wirtschaftlichkeit des Unternehmens liegt unter dem Branchendurchschnitt. Das kann mehrere Ursachen haben. So können beispielsweise die Gesamtkosten der betrieblichen Leistung zu hoch sein. Außerdem kann die erzielte Leistung des Unternehmens, die sich aus der Ausbringungsmenge und dem erzielten Preis zusammensetzt, im Vergleich zum Branchendurchschnitt zu hoch sein.

Bei der Betrachtung der Arbeitsproduktivität ergeben sich ähnliche Ergebnisse. Im Vergleich zum Branchendurchschnitt ist die Arbeitsproduktivität von 80 Stück/Mitarbeiter zu niedrig. Dabei stimmt das Verhältnis zwischen der Ausbringungsmenge und der Mitarbeiterzahl des Unternehmens nicht. Dies kann unter anderem an ungünstigen Produktionsbedingungen oder an einer zu geringen Auslastung der Produktionsfaktoren liegen.

Eine tiefergehende Spezialisierung der Produktion kann einige realisierbare Vorteile zur Folge haben:

- Steigerung der Ausbringungsmenge

- Senkung der Fertigungskosten

- Rationalisierungspotenzial im Fertigungsprozess

- Steigerung der Qualität, Senkung der Ausschussproduktion

Die geplante größere Spezialisierung bringt allerdings einen wesentlichen Nachteil mit sich: Die Berücksichtigung individueller Kundenwünsche bei der Produktion wird unter Umständen stark eingeschränkt. Dies kann jedoch durch das Baukastenprinzip in der Produktion weitestgehend vermieden werden.

Die Spezialisierung im Rahmen einer Vereinheitlichung des Fertigungsgegenstandes ist nur eine Möglichkeit der Rationalisierung. Die Geschäftsleitung des Unternehmens sollte die tiefergehende Normung und Typisierung ihrer Produkte in Erwägung ziehen.

Diese kurze Analyse führt zu den folgenden Schlüssen:

- Die Arbeitsproduktivität und Wirtschaftlichkeit des Unternehmens liegen unter dem Branchendurchschnitt.

- Die Ursachen hierfür sollten in der Kostenstruktur, der Mitarbeiterzahl, der Ausbringungsmenge und dem Stückerlös gesucht werden.

- Neben der Spezialisierung gibt es eine Vielzahl weiterer Möglichkeiten zur Fertigungsrationalisierung.

5.18 Businessplan eines Computereinzelhändlers

Vorbemerkung:

Im Folgenden soll anhand der bei den Analyse-Werkzeugen diskutierten Vorgehensweise zur Erstellung eines Businessplans der Fall einer Unternehmensgründung im Computerhandels- und Dienstleistungsbereich besprochen werden. Die einzelnen Fragestellungen sollen beispielhaft mit Leben gefüllt werden, um dem Bewerber ein Gefühl für die einzelnen Problem- und Fragestellungen zu geben.

Aufgabe:

Supertronics[64] ist ein Unternehmen, das sich auf den Handel mit Hard- und Software für kleine und mittlere Unternehmen spezialisieren will und darüber hinaus den Aufbau und die Wartung von unternehmensinternen Netzwerken sowie die EDV-technische Schulung der Unternehmensmitarbeiter übernehmen möchte. Sämtliche Produkte und Leistungen von Supertronics werden in einem konkurrenzfähigem Preis-Leistungs-Verhältnis stehen. Es ist geplant, sowohl ein mittelgroßes Ladengeschäft in L-Town als Anlaufstation für Laufkundschaft zu betreiben als auch darüber hinaus vor Ort beim Kunden Dienstleistungen rund um den Computer zu erbringen. Die Unternehmensgründer, Diplom-Informatiker M. Meier und Diplom-Kaufmann H. Müller, beide mit mehrjähriger Erfahrung in der Computerbranche, haben sich dazu entschlossen, eine erfahrene Existenzgründerberatung zu konsultieren, um mit dieser die einzelnen zu beachtenden Schritte und Probleme der Existenzgründung zu besprechen.

Der Bewerber soll für den Klienten einen Businessplan erstellen!

Lösungsansatz:

Der Lösungsansatz orientiert sich an den bereits diskutierten „klassischen" Fragestellungen zur Erstellung eines Businessplans. Im Folgenden wird jeweils nur kurz auf die einzelne Fragestellung eingegangen, da lediglich ein Gefühl für die Dimension und Schwierigkeit der einzelnen Fragestellungen vermittelt werden soll.

Der Businessplan sollte folgende Themengebiete enthalten:

1. Zusammenfassung

2. Informationen zur Unternehmensgründung

3. Informationen zum Produkt beziehungsweise zur Dienstleistung

4. Informationen zur Branche

5. Informationen zum Marketing/Vertrieb

6. Informationen zur Unternehmensleitung

7. Angaben zur Dreijahresplanung

8. Angaben zum Kapitalbedarf

All dies sind wichtige Gesichtspunkte, mit denen sich der Plan befassen sollte. Als nächster Schritt ist es nun notwendig, diese weitgefassten Themengebiete mittels gezielter Fragen zu strukturieren und näher zu untersuchen. Somit ergeben sich folgende tiefergehende Fragestellungen:

I. Zusammenfassung

Formulieren Sie die Geschäftsidee in einem Satz.

Bei dieser Unternehmensgründung kann die Geschäftsidee wie folgt beschrieben werden: „Das Angebot von Hard- und Software sowie der Aufbau und die Betreuung von Netzwerken speziell für kleine und mittlere Unternehmen zu vergleichsweise attraktiven Preisen."

Was sind die Produkte?

Die Produkte sind einerseits Hard- und Software speziell für den Einsatz in kleinen und mittleren Betrieben, andererseits werden auch der Aufbau von unternehmensinternen Netzwerken, die Schulung der Mitarbeiter und die Wartung der Netzwerke als Dienstleistung angeboten.

Was sind die entscheidenden Erfolgsfaktoren?

Entscheidend für den Erfolg des Unternehmens sind einerseits das Angebot kompetenter und dem Service-Gedanken verschriebener Dienstleistungen, andererseits ist auf die Konkurrenzfähigkeit des Preis-Leistungs-Verhältnisses zu achten.

Was sind die Ziele, und wie sollen diese erreicht werden?

Als Zielsetzung der Unternehmung muss die Etablierung des Firmennamens als Garant für erstklassige Qualität der verkauften Hard- und Software und hoch qualifizierte Dienstleistungen im regionalen Markt bei kleinen und mittleren Unternehmen gesehen werden.

Zusätzlich gilt als Nebenbedingung das Erreichen des „Break-Even" innerhalb von zwei Jahren nach Eröffnung der Geschäftstätigkeit.

II. Informationen zur Unternehmensgründung

Wie ist das Unternehmen strukturiert?

Da sich das Unternehmen erst im Aufbau befindet, ist die formale Struktur des Unternehmens (noch) einfach. Die Unternehmensgründer sind beide vertretungsbefugt und gleichberechtigt. Zu Beginn sind sie die einzigen Mitarbeiter, wobei mit zunehmender Geschäftstätigkeit Neueinstellungen vorgesehen sind. Die beiden Existenzgründer sind im Sinne einer „Allroundtätigkeit" für alle geschäftlichen Belange zuständig, wobei sich eine gewisse Spezialisierung/Arbeitsteilung gemäß des vorhandenen Backgrounds automatisch ergibt.

Wer übernimmt welche Aufgaben, und wie ist derjenige qualifiziert?

Herr Meier wird sein Wissen als Diplom-Informatiker durch die Betreuung der kleinen und mittleren Unternehmen, den Service vor Ort und den Zusammenbau beziehungsweise die Reparatur der verkauften Hardware in Supertronics einbringen, während Diplom-Kaufmann Herr Müller die Geschäftstätigkeit im Ladengeschäft, die Kundenakquisition und die EDV-Schulungen übernehmen wird.

Wer sind die Gesellschafter oder Geschäftspartner?

Zu jeweils gleichen Anteilen sind Herr Meier und Herr Müller gleichberechtigte Gesellschafter.

Was ist die Rechtsform des Unternehmens?

Die zu Anfang gewählte Rechtsform der Firma Supertronics ist die Gesellschaft mit beschränkter Haftung (GmbH). Beide Partner sind gleichberechtigte Geschäftsführer und vertreten die Firma nach außen.

Generell können an diesem Punkt Vor- und Nachteile der verschiedenen Rechtsformen bei Unternehmensgründung diskutiert werden.

III. Informationen zum Produkt/Dienstleistung

Wie kann man die Produkte kurz beschreiben?

Bei den angebotenen Produkten handelt es sich um die notwendige Hard- und Software, welche für den Geschäftsbetrieb von kleinen und mittleren Unternehmen unterschiedlichster Branchen benötigt werden. Neben dem Verkauf dieser Produkte werden eine Reihe von Dienstleistungen, wie zum Beispiel die Wartung und Reparatur der Systeme von Geschäftskunden oder EDV-Schulungen, für Mitarbeiter mittelständischer Unternehmen angeboten.

Welchen besonderen Zusatznutzen bietet das Produkt dem Kunden?

Das Gesamtpaket der von Supertronics angebotenen Produkte und Dienstleistungen stellt den Zusatznutzen einer kompetenten Rundumbetreuung in sämtlichen Computerfragen zu einem konkurrenzfähigen Preis dar.

Wie sehen die Konkurrenzprodukte aus?

Im Einzugsgebiet von L-Town gibt es eine ganze Reihe von Computerhändlern und Schulungsunternehmen; allerdings sind diese entweder auf Endverbraucher abgestimmte Billigmärkte, auf Geschäftskunden spezialisierte Anbieter der Premiumpreisklasse oder sie sind nicht in der Lage, eine Gesamtbetreuung des Kunden in sämtlichen Bereichen seiner Computersysteme vorzunehmen.

Was hebt das eigene Produkt von denen der Konkurrenz ab?

Die Kombination von hervorragendem Service, individuellen Computerlösungen und einem attraktiven Preis-Leistungs-Verhältnis ist einzigartig in der gesamten Region.

Ist der Unterschied dem Kunden sofort ersichtlich?

Durch verstärkte Werbeanstrengungen und vor allem Empfehlungen zufriedener Kunden muss auf die Einzigartigkeit der Produkt- und Leistungsbündelung hingewiesen werden. Bei genauem Vergleich der Leistungen von Supertronics mit den Angeboten der Konkurrenz wird der Unterschied deutlich.

Kann man selbst zuverlässig produzieren, liefern und warten?

Die mehrjährige Erfahrung der Unternehmensgründer im kaufmännischen wie auch im computertechnischen Bereich und die bereits getroffenen Liefervereinbarungen mit einer Reihe von Hard- und Softwarelieferanten können sowohl das Zusammenstellen der einzelnen Komponenten als auch die Lieferung und deren Wartung sicherstellen. Lediglich seitens des Kunden-vor-Ort-Services und der Schulungen kann es zu Engpässen kommen, die durch rechtzeitige Personalbedarfsplanung antizipierend umgangen werden müssen.

Wer ist die Zielgruppe für dieses Produkt?

Die Zielgruppe der Geschäftstätigkeit von Supertronics sind sämtliche kleine und mittelständische Unternehmen des Großraumes L-Town, die „Stand-Alone"-Computer oder sogar Unternehmensnetzwerke benötigen.

Was erwarten die Kunden von einem solchen Produkt?

Kunden erwarten von ihrer Hard- und Software vor allem, dass sie zuverlässig und fehlerfrei arbeitet und dabei möglichst unkompliziert zu bedienen ist.

Bietet das Produkt dem Kunden alleine oder nur in Verbindung mit Komplementärprodukten einen besonderen Nutzen?

Speziell die Kombination von individuell zusammengestellten Hard- und Softwarekomponenten in Verbindung mit einer effizienten Wartung und Pflege bietet in diesem Fall den besonderen Nutzen.

Müssen Allianzen eingegangen werden, damit der Zusatznutzen für den Kunden deutlicher wird?

Die Allianzbildung ist nicht unbedingt zwingend, allerdings kann durch Exklusivverträge mit verschiedenen Hard- und Softwareherstellern, sofern dies möglich ist, für die Region um L-Town ein entscheidender Wettbewerbsvorteil gesichert werden.

Was ist „State-of-the-Art" für dieses Produkt?

Der aktuelle Stand der Technik und die Entwicklung für die einzelnen Komponenten des Angebotes von Supertronics ist sehr unterschiedlich. Um einen Überblick zu bekommen, müssten alle Komponenten des Angebotes einzeln betrachtet werden, wovon an dieser Stelle abgesehen wird.

In welchen Zeitabständen wird es neue Versionen geben?

Bei den Hardwareprodukten wird in der Regel mit Erneuerungszyklen von circa neun bis zwölf Monaten gerechnet, während auf der Softwareseite zwischen etablierten Standardprogrammen (zum Beispiel Microsoft Office, SAP R/3) mit längeren Innovationszyklen und einer Vielzahl von ständig auf den Markt drängenden Programmvarianten und -verbesserungen unterschieden werden muss.

Wie wird gefertigt?

Die individuellen Hard- und Softwarekombinationen werden in ihren Basiseinheiten in einer im Ladengeschäft von Supertronics befindlichen Werkstatt zusammengestellt. Die Installation der Geräte wird dann vor Ort beim Kunden vorgenommen.

An dieser Stelle wird auf die weitere Diskussion von Fragen zum Themengebiet der Produkte/Dienstleistungen verzichtet, um die Länge des Falles in einem vernünftigen Rahmen zu halten.

IV. Branche

Wie stark ist die Branche in den letzten Jahren gewachsen?

Der Markt für Computer ist in den letzten Jahren im zweistelligen Prozentzahlenbereich gewachsen. Diese Entwicklung hat zur Gründung einer wahren Flut von Unternehmen, die in der Computerhandels- und Beratungsbranche tätig sind, geführt. Diese Entwicklung hat sich auch in der Region um L-Town vollzogen. Aufgrund der großen Konkurrenz hat allerdings seit geraumer Zeit ein Verdrängungswettbewerb auf dem Markt eingesetzt.

Wie dynamisch ist die Branche?

Die Branche des Hard- und Softwarehandels und der computernahen Dienstleistungen ist als äußerst dynamisch einzustufen, was zum Beispiel alleine schon an den extrem kurzen Innovationszyklen der Computerprozessoren festzumachen ist.

Wie groß ist die Branche, und was ist der Trend?

In und um L-Town gibt es 30 Unternehmen, die sowohl Computerhard- und -software als auch Schulungen und weiteren Service in diesem Bereich anbieten. 10 dieser 30 Unternehmen sind Ein- bis Drei-Mann-Unternehmen mit Umsätzen von durchschnittlich einer Million DM. 15 Unternehmen beschäftigen 4 bis 10 Mitarbeiter mit einem durchschnittlichen Jahresumsatz von 5 Millionen DM, während nur 5 Unternehmen mehr als 10 Mitarbeiter beschäftigen. Diese Unternehmen setzten im Schnitt 9 Millionen DM um. Die Entwicklung in dieser Branche tendiert eindeutig zur Konzentration des Lieferprogrammes und Ausweitung des Services, weswegen die Kleinstunternehmen zunehmend aus dem Markt gedrängt werden.

Unter welchen Einflussgrößen steht die Branche?

Die zunehmende wettbewerbliche Konkurrenz, die kurzen Innovationszyklen der Hard- und Softwarehersteller und das steigende Kosten- wie auch Service-Bewusstsein auf Kundenseite sind als Haupteinflussfaktoren dieser Branche zu erwähnen.

V. Marketing/Vertrieb

Wie sieht die Markteintrittsstratgie aus?

Beim Markteintritt sollen bereits bestehende Kontakte der Firmengründer zu verschiedenen Unternehmen der Region genutzt werden, um Referenzkunden zu werben, die durch das Weiterempfehlen von Supertronics an eigene Geschäftspartner zur weiteren Kundenakquisition beitragen. Der Markteintritt wird von einem auf den Zielmarkt und die Zielkunden abgestimmten Werbeprogramm begleitet und durch verstärktes Engagement von Supertronics bei Verbänden, Kammern und Kongressen zur Demonstration des Experten-Know-how erleichtert.

Welche Barrieren existieren, und wie werden diese überwunden?

Eine der Barrieren für den Markteintritt stellt die Schwierigkeit der Kundenakquisition auf einem an sich bereits stark umkämpften Markt dar. Das äußert sich zum Beispiel durch schnell schwindende Margen, die den Markteintritt unter Umständen nicht attraktiv erscheinen lassen.

Welche Mittel der Absatzförderung werden eingesetzt?

Durch gezielte Mailing-Aktionen an kleine und mittlere Unternehmen, die durch Printanzeigen in Fachmagazinen, Gewerbeanzeigen, Verbands- und Handelskammerblättern bis zu Radiospots vor allem zu Zeiten des Berufsverkehrs ergänzt werden, bieten sich vielfältige Möglichkeiten. Diese einzelnen Maßnahmen werden durch die hohe Qualität der geleisteten Arbeit flankiert, die im Sinne von Kundenzufriedenheit und einer somit langfristigen Kundenbindung sowie einer hohen Neuakquisitionsquote auf Grund von Empfehlungen ebenfalls absatzfördernd wirken.

VI. Unternehmensleitung

Wer sind die Partner oder Gesellschafter, welche Qualifikationen können sie für diese Unternehmensgründung vorweisen?

Der Erste der Partner ist M. Meier. Er hat nach dem Abitur eine Lehre zum Industriekaufmann mit einer Spezialisierung in Informatik gemacht und nach der Lehre mit einem Informatikstudium in L-Town begonnen. Dieses Studium wurde von ihm nach zehn Semestern mit Prädikatsexamen abgeschlossen. Im Anschluss daran arbeitete Herr Meier drei Jahre in der EDV-Abteilung eines internationalen High Tech-Konzerns in L-Town.

Herr H. Müller, der zweite Partner bei Supertronics, studierte direkt im Anschluss an sein Abitur in L-Town Betriebswirtschaftslehre mit den Schwerpunkten Wirtschaftsinformatik und Marketing. Auch er schloss sein Studium mit Prädikatsexamen ab. Nach seinem Abschluss arbeitete Herr Müller sechs Jahre lang bei dem gleichen Unternehmen wie Herr Meier und hatte zuletzt die Position des Marketing-Leiters inne.

Wer wird welche Funktionen ausführen?

Auf diesen Aspekt der Geschäftstätigkeit wurde bereits im Unterpunkt II „Informationen zur Unternehmensgründung" eingegangen.

Wie sieht die zukünftige Personalplanung aus?

Für die Startphase ist lediglich die Arbeitskraft der beiden Unternehmensgründer eingeplant, wobei zum Ausgleich von Arbeitsspitzen vor allem im Ladengeschäft kurzfristig auch auf qualifizierte Studenten aus den Studiengängen Informatik und Wirtschaftswissenschaften der in L-Town ansässigen Universität zurückgegriffen werden soll. Mittelfristig ist geplant, das Personal vor allem um qualifizierte Service-Kräfte zu erweitern.

VII. Dreijahresplanung

Welche Investitionen werden in naher Zukunft getätigt?

Zunächst stehen Investitionen in die Ladenausstattung, die Büroeinrichtung und die Grundausstattung des Lagers an. Es ist zu erwägen, inwiefern Transportmöglichkeiten (PKW-Variant und/oder Kleintransporter) zur Erbringung des Kunden-vor-Ort-Services notwendig sind.

Wie werden sich die Umsätze entwickeln, mit welcher Wachstumsrate ist zu rechnen?

Für das erste Jahr der Geschäftstätigkeit werden aus dem reinen Hard- und Softwareverkauf Umsätze in einer Größenordnung von 200 000 DM erwartet. Bei der Wartung und Betreuung von PC-

Systemen werden weitere Umsätze in Höhe von 350 000 DM als realistisch eingeschätzt, während sich durch EDV-Schulungen 50 000 DM an Umsatz ergeben. Es wird erwartet, dass in den folgenden beiden Jahren Wachstumsraten von 15 Prozent in allen Bereichen des Geschäftes erreicht werden, was im dritten Jahr der Geschäftstätigkeit einen Gesamtumsatz von etwa 800 000 DM bedeuten würde.

Welchen grundsätzlichen Risiken steht das Unternehmen gegenüber?

Als eines der größten Risiken von Supertronics ist das Problem der kritischen Größe zu erwähnen. Auf dem durch zunehmende Konzentrationsprozesse gekennzeichneten Anbietermarkt von Office-Systemen muss es eine der primären Zielsetzungen neben den Gewinn- und Profitabilitätszielen sein, so stark zu expandieren, dass die Gefahren einer Marktverdrängung abgewendet werden können. Ein weiteres Risiko ist die Haftungsfrage, denn bei einem Systemabsturz einer von Supertronics gewarteten Anlage und den damit verbundenen Datenverlusten könnten Regressionsansprüche von Kundenseite gestellt werden.

VIII. Kapitalbedarf

Wie hoch ist der Kapitalbedarf, um die erste Geschäftstätigkeit aufnehmen zu können?

Um die bereits oben besprochenen Anfangsinvestitionen tätigen zu können, wird mit einem Kapitalbedarf von insgesamt 200 000 DM gerechnet. Dabei entfällt auf die Laden- und Büroausstattung ein Betrag von 100 000 DM, auf die Lagererstausstattung ein Betrag von 60 000 DM, während für Beratungsleistungen, wie zum Beispiel für die Erstellung eines Businessplans und die Anfertigung einer Marktstudie für den Raum L-Town, 40 000 DM entfallen.

Wie kann dieser Bedarf gedeckt werden, was steht als Eigenkapital zur Verfügung?

Die beiden Unternehmensgründer verfügen zusammen über Ersparnisse in Höhe von 40 000 DM; weitere 60 000 DM können durch private Darlehen von Familienangehörigen und Freunden beschafft werden, während die restlichen 100 000 DM anderweitig finanziert werden müssen.

5.19 Flugbranchenbetrachtung

Hintergrund:

Die Branche der Fluggesellschaften ist durch geringe Renditen und starken Wettbewerb gekennzeichnet. Vor allem am Anfang, nach der Deregulierung des amerikanischen Luftfahrtverkehrs, schossen so genannte Billigfluglinien aus dem Boden. Doch schon wenige Jahre danach haben die meisten dieser Fluglinien die Geschäftstätigkeit wieder eingestellt.

Aufgabe:

Wie konnten in einer solch hartumkämpften, preissensiblen Branche so genannte Hochkostenfluglinien überleben, während die Niedrigkostenanbieter (Billigfluglinien) dazu nicht in der Lage waren?

Lösungsvorschlag:

Um sämtliche Aspekte sowohl des Kerngeschäftes der Fluglinien als auch der gesamten Branche zu betrachten, bieten sich zwei bereits besprochene Analyse-Werkzeuge an, nämlich das Vier-C-Konzept (4 Cs) und das Five-Forces-Modell von Porter. Trotz oder gerade wegen auftretender Überschneidungen der durch die beiden Methoden analysierten Bereiche sollen sie hier chronologisch, in sich konsistent abgearbeitet werden.

An dieser Stelle beginnen wir mit der Betrachtung des Kerngeschäftes der Fluglinien anhand der 4 Cs:

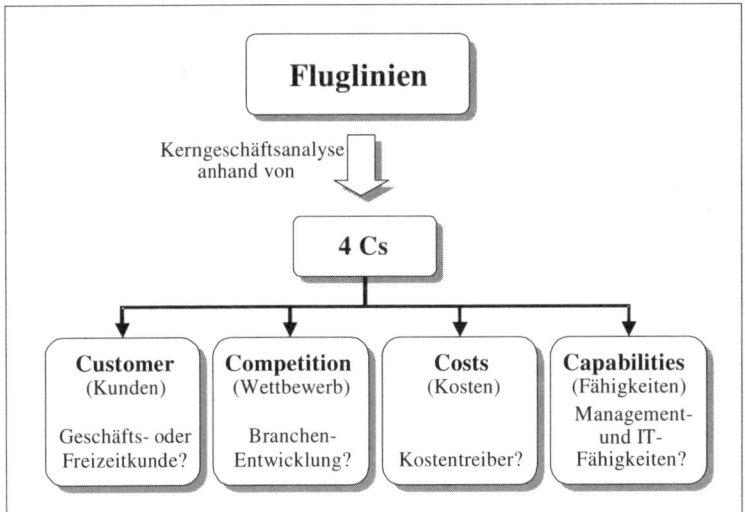

Abbildung 38: Fluglinien-Kerngeschäftsentwicklung anhand der 4 Cs

I. Kunden (Customer)

Welche Kundentypen gibt es, und wie ist deren Verhalten?

Der erste zu untersuchende Bereich betrachtet die Kunden und deren Verhalten. Um bei dieser Fallstudie zu befriedigenden Ergebnissen zu kommen, ist es ausreichend, eine grobe Klassifizierung der Kunden in Freizeitkunden und Geschäftskunden vorzunehmen. Um die strategischen Bewegungen der einzelnen Fluglinien besser beurteilen zu können, soll an dieser Stelle nochmals kurz auf die Hauptcharakteristika der beiden Kundengruppen eingegangen werden:

Freizeitkunden:

- hauptsächlich zu Freizeitzwecken (besonders Urlaubzeiten, sprich saisonal und/oder Wochenenden) unterwegs

- stark preisgetriebene Kunden, weniger an Service oder am Ausbau des angebotenen Flugnetzes interessiert, Häufigkeit der Flüge von geringerem Interesse

Geschäftskunden:

- geschäftlich Reisende, in der Regel werktags unterwegs, keine besondere Saison

- weniger preisgetriebende Kunden, achten stärker auf Service und vor allem auf Ausbau des Flugnetzes, Häufigkeit und Anschlussmöglichkeit der Flüge

II. Wettbewerb (Competition)

Durch welche Einflussgrößen ist der Wettbewerb (Markt) charakterisiert?

Die Betrachtung des Wettbewerbs und seiner maßgeblichen Einflussgrößen soll an späterer Stelle mittels Porters Modell der Five Forces stattfinden.

III. Kosten (Costs)

Was sind die Hauptkostentreiber bei Fluggesellschaften?

Die einzelnen Anbieter unterscheiden sich teilweise erheblich in ihrem Kostenniveau; dies äußert sich zum Beispiel in den Kosten für die Flugzeugflotte. Hier macht es einen erheblichen Unterschied, ob man ausschließlich neue Maschinen einsetzt oder lediglich mit bei anderen Fluggesellschaften bereits ausgedienten Maschinen fliegt. Ein weiterer Kostenfaktor ist die Häufigkeit und Intensität der Wartungen und Sicherheitsschecks. Nicht zu vernachlässigen sind die Kosten für sowohl geschultes Boden- als auch fliegendes Personal. In all diesen Faktoren liegen in der Regel bei den Billigfluglinien eindeutige Preisvorteile, wobei Know-how, zum Beispiel bei IT-Systemen oder hoch qualifiziertem und damit teurem Personal, bei der Preisfestsetzung der Flugtickets sicherlich auf der Kostenseite nachteilig wirkt, jedoch auf der Ertragsseite umso stärkere positive Effekte haben könnte. Zusammengefasst muss für die beiden Fluggesellschaftsarten Folgendes festgehalten werden:

Billigfluglinien:

- geringere Kosten, dadurch in der Regel günstigere allgemeine Flugtarife

- eingeschränkter Service sowohl am Boden als auch in der Luft

- häufig schlechteres Streckennetz

Hochkostenfluglinien:

- höhere Kosten, dadurch im Durchschnitt teurere Flugtarife

- besserer Service (Boden und Luft, wie zum Beispiel Lounges, Essen, Zeitschriften)

- gut ausgebaute Flugnetze

IV. Fähigkeiten (Capabilities)

Welche Wettbewerbsvorteile haben die jeweiligen Unternehmen?

Die jeweiligen Fähigkeiten im Sinne von Wettbewerbsvorteilen sind einerseits zur Erledigung der Aufgaben des Unternehmens notwendig, andererseits werden diese Fähigkeiten auch direkt oder indirekt von den Kunden wahrgenommen und tragen somit zum Bild der Fluggesellschaft in der Öffentlichkeit bei.

Hier gilt es wiederum zwischen den beiden Gegenpolen der Flugzeuganbieter zu unterscheiden:

Billigfluglinien:

- niedrigere Kosten und damit niedrigere durchschnittliche Tarife als Wettbewerbsvorteil

Hochkostenfluglinien:

- guter Service und gut ausgebautes Streckennetz

- hoch qualifiziertes Personal, zum Beispiel im Pricing (Flugtarifkalkulation), das in Verbindung mit hoch entwickelten IT-Systemen Angebot und Nachfrage auf dem Flugticketmarkt überwachen und darauf reagieren kann

An dieser Stelle soll nun die Betrachtung des Wettbewerbs und der Bewegungen in der Branche mittels des Five-Forces-Modells von Porter diskutiert werden.

I. Branchenwettbewerber

Die diese Fallstudie determinierenden Faktoren sind der Branchenwettbewerb und die strategischen Bewegungen innerhalb dieses Sektors. Durch die Deregulierung kamen zu den Hochkostenfluglinien, die bis zu dem Zeitpunkt auf dem regulierten Wettbewerbsmarkt alleinig aktiv waren, verstärkt Billiganbieter hinzu. Dem generellen Druck auf die Preise begegneten die etablierten Airlines durch die Positionierung über Sicherheit und Service in Verbindung mit speziell auf die beiden Zielgruppen zugeschnittenen Angeboten. So konnte durch geeignete Informationstechnologiesysteme nahezu jeder Platz zu einem anderen Preis abgesetzt werden. Freizeitflieger wurden durch vereinzelte Billigaktionen zu Grenzkosten geködert, während Vielflieger durch Service-Leistungen und gute Flugnetze bedient wurden. Durch diese strategischen Bewegungen konnten die Hochkostenfluggesellschaften den Discountanbietern den Markt streitig machen.

II. Neue Wettbewerber

Die Gefahr des Eintritts neuer Wettbewerber soll in diesem Fall nicht vertieft besprochen werden. Um dieses Themengebiet kurz anzudiskutieren, soll hier lediglich angemerkt werden, dass der Eintritt neuer Discountanbieter durch die bereits beschriebene strategische Antizipation der klassischen Fluglinien erschwert wird. Der Eintritt neuer Wettbewerber im Sinne von Hochpreisfluglinien ist im Allgemeinen eher unwahrscheinlich, da gigantische Kosten durch zum Beispiel eine neue Flugzeugflotte, geschultes Personal oder den Aufbau eines weiten Flugnetzes – falls die Start- und Landeerlaubnis für bestimmte Flughäfen überhaupt erteilt wird – anfallen würden.

III. Substitutionsprodukte

Da es in dieser Fallstudie um eine spezielle Analyse der Wettbewerbssituation innerhalb der Fluglinienbranche geht, soll das Vorhandensein oder das Hinzukommen von Substitutionsprodukten, wie zum Beispiel Neuentwicklungen im Bahnsektor, nicht weiter untersucht werden.

IV. Lieferanten

Hier muss zwischen den einzelnen Lieferanten für die beiden Grundtypen der Fluggesellschaften unterschieden werden:

Billigfluglinien:

- Wenn überhaupt Catering durch die Fluggesellschaft angeboten wird, dann erfolgt die Auswahl der Anbieter über den Preis

- Die Auswahl von Partnergesellschaften zur Flugnetzvergrößerung findet ebenfalls hauptsächlich über den Preis statt

Hochkostenfluglinien:

- Bei Catering für Freizeitflieger findet die Auswahl der Lieferanten ebenfalls über den Preis statt, wobei ein Mindeststandard gesichert sein muss

- Beim Catering für Vielflieger muss auf Qualität geachtet werden, da diese Kosten durch Premiumpreise gedeckt werden

- Bei der Auswahl von Partnerairlines wird ebenfalls auf die Qualität der angebotenen Leistungen und der Ausweitung des Flugnetzes geachtet

V. Kunden

Die Kunden wurden bei dieser Fallstudie bei der Diskussion des Konzeptes der 4 Cs besprochen.

Abschließende Betrachtung

Letztendlich gelang es den etablierten Fluglinien, die Flugtickets durch hervorragende Buchungs- und Fluginformationssysteme marktnah zu verkaufen. Da hierbei stets Angebot und Nachfrage auf dem Reisemarkt beachtet wurden, war es diesen Fluggesellschaften möglich, nahezu jeden Sitz zu Sonderkonditionen zu verkaufen: Freizeitkunden wurden durch gezielte Aktionen zu niedrigen Discountpreisen angelockt, während an Geschäftskunden mehr verdient wurde, da diese Wert auf den ausgezeichneten Service der Fluggesellschaft legen und zum Beispiel durch Vielfliegerprogramme zusätzlich an das Unternehmen gebunden wurden. Somit schafften es die etablierten Fluggesellschaften, den Billiganbietern das Geschäft kaputtzumachen oder es ihnen zumindest erheblich zu erschweren.

Zusammenfassend kann für diesen Fallstudientyp festgehalten werden, dass es nicht auf das durch Zufall bei dem Interviewten vorhandene Wissen über Zusammenhänge oder Tatsachen in der Flug- und Reisebranche ankommt, sondern vielmehr auf das strukturierte Erfassen der Fragestellung des Falles. Das bedeutet, dass anhand der beiden erwähnten Modelle (4 Cs und Five Forces) sämtliche relevanten Aspekte der Fallstudie andiskutiert werden und somit ein Rahmen zur globalen Betrachtung der Fragestellung geschaffen wird.

5.20 Expansionsfall

Aufgabe:

Ein Unternehmen, das im Vertrieb von Computerkomponenten tätig ist, denkt darüber nach, in einer weiteren Stadt eine Filiale zu eröffnen und sein Angebot um Bürotechnologie als einen zusätzlichen Produktbereich zu erweitern. Dazu wurden bereits Gespräche mit Zulieferern und einzustellenden Spezialisten geführt. Eine Unternehmensberatung wird beauftragt, die Pläne des Unternehmens auf Sinnhaftigkeit zu überprüfen.

Lösungsvorschlag:

Diese Fallstudie lässt sich mit einer Vielzahl der bereits erläuterten Analyse-Werkzeuge bearbeiten. Es empfiehlt sich, ausgehend von dieser groben Beschreibung der Aufgabenstellung, in einer Top-down-Betrachtung alle relevanten Aspekte zu diskutieren und die jeweiligen Schlüsse aus den Analyse-Ergebnissen zu ziehen. Das Vier-C-Konzept findet in dieser Fallstudie seine Anwendung.

Die vier Kernbereiche des verwendeten Konzeptes werden zunächst separat betrachtet. Allerdings muss man sich stetig die Interdependenzen der vier analysierten Kriterien vor Augen halten.

Bei der Bearbeitung der Fallstudie sollte man sich in besonderem Maße über die Interaktion mit dem Interviewer an die Kernpunkte herantasten. Viele Informationen sind nicht auf den ersten Blick ersichtlich und werden dem Betrachter erst durch gezieltes Nachfragen offenbart. Aus den gegebenen Informationen sollten die richtigen Schlüsse gezogen werden.

I. Customer

Zu dem Konzept der vier Cs gehört zunächst die Betrachtung des Kundenpotenzials, auf das das Unternehmen nach der Filialeröffnung in dem neuen Markt treffen würde. Bei der Analyse sollte der Betrachter zunächst die folgenden Fragen stellen:

- *Wer* sind die Kunden?

- *Was* sind deren Bedürfnisse?

- *Warum, wo, wann* und w*ie* befriedigen sie ihre Bedürfnisse?

Für die Bearbeitung der Aufgabenstellung ist die Ermittlung des Marktvolumens von zentraler Bedeutung:

- *Wie viele* potenzielle Kunden beinhaltet der Markt?

- *Welche* Menge an Produkten und Dienstleistungen wird konsumiert?

- *Wie oft* wird zurzeit und in der Zukunft konsumiert?

→ *Wer?*

Ausgehend von diesen Grundfragen werden die Kunden zunächst in Gruppen unterteilt. In diesem Fall ergeben sich zwei große Kategorien:

– Private Haushalte

– Unternehmen und Institutionen

→ *Was?*

Wichtig ist die Untersuchung der nachgefragten Güter und Dienstleistungen. Dabei ergibt sich auf die Frage folgende Auflistung:

– Computer-Einzelsysteme

– Netzwerke

– Telefonanlagen

– Weitere Bürokomponenten wie Kopierer und Faxgeräte

Viele Nachfrager wünschen Komplettlösungen aus einer Hand. Aus dieser Auflistung kann der Schluss gezogen werden, dass das Unternehmen auf dem Markt neben den Einzelkomponenten auch Komplettlösungen für die Büroausstattung anbieten sollte. Bevor man nun eilige Schlussfolgerungen zieht, sollte man allerdings die Ergebnisse der folgenden drei Cs abwarten.

→ *Warum, wo, wann, wie?*

Dem individuellen Kundenverhalten wird in besonderem Maße Rechnung getragen. Bei der Beantwortung dieser Fragen ergeben sich in dieser Fallstudie die folgenden Punkte:

- Die Kunden kaufen für private und arbeitsbezogene Zwecke. Bei der Bedienung der gewerblichen Kunden ist unter Umständen ein hoher Grad an Service erforderlich, um die Betriebsbereitschaft der Anlagen zu gewährleisten. Diese Tatsache muss bei der Konzeption berücksichtigt werden.

- Ein Teil der potenziellen Kundschaft möchte in einem Geschäft einkaufen. Der andere, vorwiegend gewerbliche Teil der Kunden bevorzugt den Verkauf und Service vor Ort. Dabei steht der Wunsch nach flexiblen Installations- und Wartungszeiten im Vordergrund. Neben den normalen Arbeitszeiten sollten Kunden nach Dienstende und am Wochenende bedient werden. Dieser Service würde von den potenziellen Kunden gerne in Anspruch genommen werden.

Neben der Betrachtung dieser Kernfragen zur Beschreibung des aktuellen und zukünftigen Kundenpotenzials sollte der Betrachter einige Kerngrößen zur Abschätzung des Marktes hinterfragen:

- Die wertmäßige Marktgröße in der Region:

  Umsatzvolumen 50 Millionen DM

- Der zu erwartende Trend des Marktes:

  jährliche Umsatzsteigerungsrate circa 5 Prozent

- Der aktuelle und geplante Marktanteil des Unternehmens:

  Start bei 0 %; nach zwei Jahren Tätigkeit 25 % geplant

An dieser Stelle werden die Überschneidungen zwischen den einzelnen Bereichen des Vier-C-Konzeptes deutlich. Diese Angaben sind unter anderem auch für die Analyse des Wettbewerbes erforderlich.

II. Competition

Ein weiterer Kernbereich des Konzeptes betrachtet die wettbewerbliche Situation im anvisierten neuen Markt.

Jede Branche ist anders aufgebaut. Aus diesem Grund unterscheiden sich die wettbewerblichen Strukturen der betrachteten Geschäftswelten.

Ein möglicher Startpunkt bei der Analyse des Wettbewerbes ist die Fragestellung, ob es sich bei dem betrachteten Markt um einen fragmentierten oder konzentrierten Markt handelt. Die eigentlich zu erwartende Antwort ist, dass es sich in diesem Fall um einen stark fragmentierten Markt handelt:

- viele verschiedene Wettbewerber

- viele verschiedene Kunden

- eine große Produktvielfalt

Zur weiteren strukturierten Analyse der wettbewerblichen Situation kann man das Five-Forces-Modell von Porter zu Hilfe nehmen (vgl. Abb. 15, Kap. 3.2).

I. Markteinsteiger

Zur Analyse der wettbewerblichen Situation gehört unter anderem die Betrachtung der Markteintritts- und -austrittsbarrieren. Diese stellen sich in diesem Fall als relativ gering heraus, da Unternehmen mit vergleichsweise geringem Kapitaleinsatz Produkte und Dienstleistungen in diesem Markt anbieten können. Dies kann quasi von zu Hause aus geschehen. Für das Unternehmen bedeutet das, dass es leicht in den anvisierten Markt eintreten kann, die Konkurrenz allerdings auch entsprechend groß sein wird.

II. Kundenstärke

Die Betrachtung der Kunden erfolgte größtenteils im ersten Teil des Vier-C-Konzeptes. An dieser Stelle sollte die relativ hohe Kraft der Nachfragenden erwähnt werden. Der Markt ist in jedem Fall ein Käufermarkt.

III. Lieferantenstärke

Die Einflussmöglichkeiten der Lieferanten sind vergleichsweise gering, da auch Unternehmen dieser Stufe der vertikalen Wertschöpfungskette mit einem harten Wettbewerb zu kämpfen haben.

IV. Gefahr durch Substitute

Den Nachfragern dieser Produkte und Dienstleistungen bietet sich eine breite Palette an Substituten in diesem Markt. Aus diesem Grund sollte das Unternehmen versuchen, eine möglichst große Auswahl an Leistungen bereitzustellen oder diese derart zu modifizieren, dass die Gefahr der Substitution sinkt. Das könnte beispielsweise durch spezielle Features oder eine herausragende Qualität erreicht werden.

V. Wettbewerb zwischen den Anbietern

Die Analyse des Wettbewerbs zeigt, dass dieser Markt aus sehr vielen Unternehmen aller Größenordnungen besteht. Diese kämpfen mit unterschiedlichen Strategien um Marktanteile.

Zunächst einmal sollte das Angebot der Wettbewerber analysiert werden. Deshalb sollte die Frage nach dem aktuellen Angebot der Anbieter gestellt werden. Auf diese wird der Interviewer die folgende Auskunft geben:

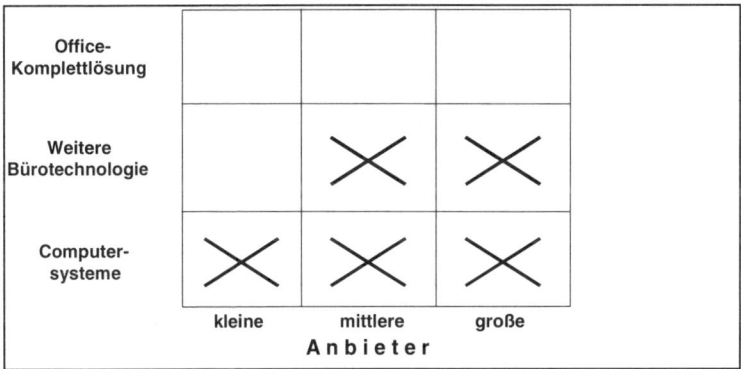

Abbildung 39: Größenklassen und Angebotsspektrum der Wettbewerber

213

Es zeigt sich, dass viele Unternehmen Computerssysteme anbieten. Ebenso vertreiben einige mittelgroße bis große Anbieter ergänzende Bürotechnologie. Auf dem Markt findet sich allerdings kein einziger Anbieter, der Komplettlösungen anbietet, obwohl diese von den Kunden gefordert werden. Dies ist ein noch nicht besetztes Marktsegment und kann von unserem Unternehmen besetzt werden.

Neben der Frage nach der Zahl, der Größe und dem Angebot der Wettbewerber muss man deren aktuelle und zukünftige Positionierung und Strategien im Markt untersuchen. Sollte der Interviewer dem Interviewten zu erkennen geben, dass diese Aspekte im Vordergrund der Fallstudie stehen, kann auf die SWOT-Analyse zurückgegriffen werden.

Ein mögliches Ergebnis dieser Fragestellungen könnte folgendermaßen lauten:

Die direkten großen Konkurrenten in diesem Markt streben die Preisführerschaft an. Dies bietet unserem Unternehmen die Möglichkeit, die Qualitäts- und Service-Führerschaft im Markt anzustreben. Bei der Analyse der Kundenwünsche zeigte sich besonders bei Unternehmen die Nachfrage nach flexiblem und gutem Service.

III. Costs

Von elementarer Bedeutung für die Entscheidung über eine Erweiterung des Filialnetzes und der Produktpalette ist die Kostenstruktur der neuen Zweigstelle. In diesem Zusammenhang muss die Erweiterung der Produktpalette von der Kosten- und Erlösseite betrachtet werden.

Der Betrachter kann, da das Unternehmen bereits in verschiedenen Städten ein Filialnetz aufgebaut hat, aus Erfahrungswerten der Vergangenheit auf die mögliche Kostenstruktur der neuen Filiale schließen. Diese Vorgehensweise ist allerdings bei der Betrachtung der Integration neuer Produkte zur Diversifikation des Angebotes nicht möglich.

Ein möglicher Startpunkt ist die Frage nach besonderen Kostentreibern. Diese liegen hier nicht vor. Wie in typischen Ladengeschäften können unter anderem unwirtschaftliches Verhalten bei der Wareneinlagerung und hohe Personalkosten die Gesamtkosten in die Höhe treiben. Dieser Aspekt ist hier ebenfalls nicht von elementarer Bedeutung.

Da das betrachtete Unternehmen eine größere Filialkette zum Vertrieb seiner Leistungen besitzt, kann es gegenüber kleineren und mittleren Anbietern Kostenvorteile unter anderem im Einkauf realisieren.

Durch die Realisierung der Qualitäts- und Service-Führerschaft müssen allerdings Kostennachteile gegenüber dem Preisführer in Kauf genommen werden. Zusätzlich wird die Erweiterung des Leistungsspektrums das Kostenniveau zumindest kurzfristig anheben.

Neben diesen Fragen zur Betrachtung der Kostenstruktur kann man finanzwirtschaftliche Aspekte, wie die durchschnittlichen Rendite einer Filiale, in den Mittelpunkt stellen. In dieser Fallstudie sind sie allerdings nicht von Interesse für deren Bearbeitung.

IV. Capabilities

Im vierten Kernbereich der vier Cs sollte der Bewerber die Wettbewerbsfähigkeit des Unternehmens auf dem anvisierten neuen Markt betrachten. Das schließt die bestenfalls vorhandenen Wettbewerbsvorteile mit ein. An diesem Punkt werden die Interdependenzen zum Bereich des wettbewerblichen Umfeldes deutlich. Das Ziel sollte sein, neben den Stärken auch die Schwächen eines Unternehmens zu erkennen. In Verbindung mit der Betrachtung der Konkurrenz und der Kunden können komparative Wettbewerbsvorteile und Verbesserungspotenziale lokalisiert werden. Diese sollten als Basisdaten für die Entscheidung über den Sinn der Zweigstelleneröffnung und der Aufnahme der neuen Produkte genutzt werden.

Sollte der Schwerpunkt der Fallstudie auf diesem Bereich liegen, bietet sich wiederum der Einsatz der SWOT-Analyse an.

Zunächst muss die Kompetenz zur Umsetzung der Pläne hinterfragt werden. Durch das erfolgreiche Agieren im Computertechnologiebereich auf anderen Märkten zeigt sich die Kompetenz des Unternehmens. Zur Erweiterung der Leistungspalette plant das Unternehmen die Einstellung von Spezialisten. Kontakte zu Lieferanten wurden geknüpft. Durch die Größe des Unternehmens sind unter anderem Kostenvorteile auf der Einkaufsseite zu realisieren.

Letztendlich kann der Schluss gezogen werden, dass das Unternehmen die Fähigkeiten zur erfolgreichen Umsetzung der Pläne besitzt.

Aus den erarbeiteten Aspekten der unternehmerischen und wettbewerblichen Situation kann der Bewerber folgende Schlüsse ziehen:

– Das Marktsegment der Office-Komplettlösungen ist von dem Unternehmen zu besetzen.

– Das Unternehmen kann sich durch besondere Service-Leistungen auf dem Markt von seinen Konkurrenten differenzieren.

– Das Unternehmen besitzt das Know-how zur Erweiterung der Produktpalette.

– Die Expansion in den neuen Markt kann befürwortet werden. Dies schließt die Errichtung einer neuen Zweigstelle und die Erweiterung des Sortimentes um zusätzliche Bürokomponenten ein.

5.21 Profitbetrachtung

Aufgabe:

Ein Unternehmen aus der Fleischverpackungsindustrie stellt fest, dass der Profit über die zurückliegenden Geschäftsjahre stetig gefallen ist. Der Umsatz steigt allerdings. Die Unternehmensberatung wird beauftragt, dieses Phänomen zu ergründen.

Lösungsvorschlag:

Zur Analyse der Situation, in der sich der Kunde befindet, ist die Anwendung von Porters Five Forces angebracht. Von jeder dieser Marktkräfte kann theoretisch ein Preisdruck ausgehen, dem dann entgegengewirkt werden muss. Im Gespräch mit dem Interviewer werden nun die Kräfte einzeln abgearbeitet.

Lieferanten: Die Lieferanten des Kunden sind unabhängige Farmer, die nicht organisiert sind, und so nur geringe Lieferantenmacht gegenüber dem Fleischverpackungsunternehmen haben.

Rivalität: Die Rivalität in der Branche kann den Preisverfall auch nicht ausgelöst haben, da der Markt recht regional konzentriert ist, so dass sich die Transportkosten und der Wettbewerb nicht wesentlich geändert haben. Die eigenen Produktionskosten waren in der letzten Zeit recht konstant.

Substitute: Die Industrie ist sehr spezialisiert, und die bisherigen Anbieter entwickeln die Technik eigenständig weiter, so dass bisher noch kein Substitut für die Verpackung Markanteile genommen hat.

Neue Anbieter: Die Markteintrittsbarrieren in dieser Branche sind sehr hoch, da anfangs hohe Investitionen in hochautomatisierte Verpackungsanlagen getätigt werden müssen. Außerdem sind gute Lieferanten- und Kundenbeziehung von großer Bedeutung. Die Bauern machen seit Jahren Geschäfte mit den vorhandenen Verpackern und haben eine Vertrauensbasis aufgebaut. Dies hat bisher neue Anbieter vom Eintritt in diese Branche abgeschreckt.

Kunden: Da die Umsätze steigen und die Kosten konstant waren, bleibt nur der Preis als Variable, die den sinkenden Profit verursacht. In diese Richtung vorgestoßen, wird der Bewerber feststellen, dass die Abnehmer große Käufermacht haben. Bei den Abnehmern hat eine Konzentrationswelle stattgefunden; die Großhändler und Supermarktketten nehmen so immer größere Mengen ab und versuchen, den Preis über die Quantität zu beeinflussen. Die Kunden sind zum Teil überregionale Ketten und haben so auch die

Möglichkeit, von anderen Verpackern zu kaufen. Dadurch können sie die einzelnen Wettbewerber gegeneinander ausspielen.

5.22 Fußballhotel

Aufgabe:

Ein großer Fußballverein der 1. Bundesliga denkt über eine Erweiterung seines Angebotes für Vereinsfans nach. Die Geschäftsleitung möchte in ein Fußballhotel neben dem Trainingsgelände investieren. Die ersten Eckdaten des Investitionsobjektes liegen bereits vor. Eine Unternehmensberatung wird beauftragt, das Vorhaben unter dem Gesichtspunkt der Rentabilität zu untersuchen.

Lösungsvorschlag:

Zunächst werden einige Grundüberlegungen angestellt. Zur Vereinfachung der Ausgangsüberlegungen wird angenommen, dass sich nur deutsche Fußballfans für ein derartiges Angebot interessieren würden.

Es gibt ungefähr 80 Millionen Einwohner in Deutschland, von denen etwa die Hälfte weiblich und die andere Hälfte männlich sind.

Von den männlichen Deutschen interessieren sich etwa 50 Prozent für den Fußball, von den weiblichen Deutschen etwa 12,5 Prozent. Die restlichen Anteile sind zu jung beziehungsweise zu alt oder interessieren sich einfach nicht für diesen Sport. Durch diese Überlegung erhalten wir 20 Millionen männliche und 5 Millionen weibliche Fußballfans.

Von diesen 25 Millionen Fußballfans haben 80 Prozent, also 20 Millionen, einen Lieblingsverein in der 1. Bundesliga. Bei der Aufteilung der 20 Millionen auf 18 Vereine dieser Spielklasse ergeben sich durchschnittlich 1,1 Millionen Fans pro Verein.

Von diesen Vereinsfans sind etwa 30 Prozent aktiv am Vereinsleben interessiert und besuchen regelmäßig oder sporadisch Fußballspiele. Von diesen 370 000 aktiven Fans werden 50 Prozent in der Umgebung ansässig sein. Das ergibt 185 000 aktive Vereinsfans, die ein Interesse an einer Reise zu ihrem Lieblingsverein haben könnten.

In der folgenden Betrachtung wird auf die geplante Investition eines Fußballhotels näher eingegangen. Dabei soll aus Gründen der Vereinfachung nur ein Geschäftsjahr betrachtet werden.

Aus den bereits erarbeiteten Eckdaten erhält der Betrachter die Information, dass das Fußballhotel eine Bettenzahl von 500 haben soll. Die geplanten Investitionskosten betragen insgesamt 50 Millionen DM.

Eine Fußballsaison hat inklusive der Pokalspiele durchschnittlich 40 Spieltage. Davon sind in der Regel 20 Heimspiele. An all diesen Wochenenden ist mit einer vollen Auslastung des Hotels zu rechnen, da die Zahl der aktiven Vereinsfans groß genug ist. An den anderen Wochenenden ist mit einer geringeren Kundenzahl zu rechnen, da die Fußballelf auswärts unterwegs oder in Ferien sein kann. Ebenso wird die Auslastung über die Woche verteilt geringer sein als an den Wochenenden.

Um die Auslastung des Fußballhotels zu steigern, können zusätzliche Angebote erarbeitet werden, die teilweise an weitere Zielgruppen gerichtet sind. Zu diesen möglichen Attraktionen und Initiativen zählen unter anderem die folgenden:

- Fußballcamps für Einzelpersonen und Vereine

- Schiedsrichterkurse

- Trainerkurse

- Hallen- und Fußballturniere im Winter

- Benefizspiele

Durch die Integration von Zusatzangeboten sollte eine durchschnittliche Auslastung von 70 Prozent realisierbar sein. Das ergibt eine durchschnittliche Übernachtungszahl pro Jahr von:

500 Betten x 365 Tage/Jahr x 0,7 = 127 750

Bei einem durchschnittlichen Preis von 120 DM pro Übernachtung und Halbpension ergeben sich nach Abzug der Aufwendungen für die Verpflegung (20 DM) Einnahmen von 100 DM/Übernachtung. Das ergibt einen vorläufigen, teilweise bereinigten Umsatz von 12,78 Millionen DM.

Der erste große Kostenblock beinhaltet die Personalaufwendungen. Ein Hotel dieser Größenklasse benötigt etwa 70 Mitarbeiter für den Service, die Küche, die Administration und das Management. Bei durchschnittlichen Kosten von 90 000 DM pro Jahr pro Mitarbeiter ergeben sich Gesamtpersonalkosten von 6,3 Millionen DM.

Zusätzlich fallen Kosten für Versicherungen, Reparaturen, Diebstahl, Wasser, Strom und weiteres Material an. Für diesen Kostenblock wird eine Pauschale von 2 Millionen DM angesetzt.

Bei den geplanten Investitionskosten von 50 Millionen DM und einer Abschreibungsdauer von 20 Jahren werden 2,5 Millionen DM als Abschreibungen pro Jahr angesetzt.

Abschließend muss man noch die Kapitalkosten berücksichtigen. Ein Kredit über 50 Millionen DM wird mit 10 Prozent pro Jahr verzinst. Dies bedeutet eine Zinsbelastung von 5 Millionen DM im ersten Geschäftsjahr.

Letztendlich ergibt sich ein Verlust von 3,02 Millionen DM im ersten Geschäftsjahr.

Aus den erhaltenen Informationen und den selbst erstellten Berechnungen kann Folgendes geschlussfolgert werden:

–   Das Fußballhotel würde sicherlich eine attraktive Ergänzung für das vom Verein gebotene Leistungsspektrum darstellen.

- Die Zahl der Übernachtungsgäste dürfte allerdings auf Grund der im Stadion anwesenden Zuschauer und der durch die Zusatz-angebote angesprochenen Gäste keine ausreichende Auslastung ergeben.

- Das Fußballhotel kann nicht mit Gewinn betrieben werden. Ein Rentabilitätsvergleich kann wegen einer fehlenden alternativen Investitionsmöglichkeit zu diesem Zeitpunkt nicht erfolgen.

Abbildungen

223

Anmerkungen

[1] Vgl. Schwertfeger, B.: „Alle auf einmal", in: Wirtschaftswoche Nr. 29, 09.07.1998, S. 74ff.

[2] Vgl. Arthur D. Little: Broschüre: Identity, Finding the Right Path.

[3] Vgl. Glasl, A.: „Der Siegeszug der Berater", in: Forum – Erfolgreicher Berufsstart, Nr. 3, Konstanz, Mai 1998, S. 33.

[4] Vgl. ebenda, S. 35.

[5] Vgl. ebenda, S. 32.

[6] Vgl. Andersen Consulting: Jump out of the Box und ACCESS, Workshop „Consulting 98", S. 9 und Forum – Erfolgreicher Berufsstart, Nr. 7, Konstanz, November 1997, S. 7 und WISU-Firmenguide für Bewerber, Ausgabe Winter/Frühjahr 1999, S. 3.

[7] Vgl. Benn, S.: „Kampf um den Werbemarkt", in: Wirtschaftswoche, Nr. 29, Juli 1998; Vgl. Arthur D. Little: Broschüre: Identity, „Zukunft als Disziplin".

[8] Vgl. Frankfurter Allgemeine Zeitung vom 21.6.1999, S. 26.

[9] Vgl. Unternehmensberater: Honorare und A. T. Kearney: http://www.atkearney.com

[10] Vgl. Bain & Company, Inc. auf Anfrage.

[11] Vgl. Baumgartner & Partner: http://www.baumgartner.de

[12] Vgl. Baumgartner & Partner: Pressemitteilung vom März 1999.

[13] Vgl. Forum: Die Top 300.

[14] Vgl. Booz Allen & Hamilton: Pressemitteilung vom 26.5.1999.

[15] Vgl. CSC Ploenzke, Broschüre: Portrait, Stand 3/97; Forum: Die Top 300; CSC Ploenzke: Broschüre: Company Profile, Input 1996; CSC Ploenzke Informationsschreiben vom 24.6.1999.

[16] Vgl. CSC Ploenzke: Broschüren: 1. Company Profile. A Publication from INPUT Germany, Stand November 1996; 2. Jahresbericht/Report 1997/98; 3. Porträt und Forum – Erfolgreicher Berufsstart: Absolventen-Barometer, Nr. 4, Konstanz,

Juni 1998 und WISU-Firmenguide für Bewerber, Ausgabe Winter/Frühjahr 1999, S. 7.

[17] Vgl. Schitag Ernst & Young: Erfolgskonzepte zur ganzheitlichen Gestaltung von Organisationen, Prozessen und Systemen sowie Information und Forum – Erfolgreicher Berufsstart, Nr. 7, Konstanz November 1997 und WISU-Firmenguide für Bewerber, Ausgabe Winter/Frühjahr 1999, S. 18.

[18] Vgl. Gemini Consulting: Broschüren: „Worauf es ankommt ..."; und Presseinformationen vom 10.6.1999.

[19] Vgl. IDS Prof. Scheer: http://www.ids-scheer.de und ACCESS: Workshop „Consulting 98".

[20] Vgl. http://www.comdirect.de, Firmenprofil vom 11.5.2000.

[21] Vgl. Forum: Die Top 300; Kienbaum & Partner: http://www.kienbaum.de; Kienbaum & Partner: Informationsanschreiben vom 8.6.1999.

[22] Vgl. Forum: Die Top 300.

[23] Vgl. Forum: Die Top 300 und Forum – Erfolgreicher Berufsstart, Nr. 7, Konstanz, November 1997 und WISU-Firmenguide für Bewerber, Ausgabe Winter/Frühjahr 1999, S.12.

[24] Vgl. McKinsey & Company, Firmenprofil vom 1.7.1999.

[25] Vgl. Frankfurter Allgemeine Zeitung, vom 21.6.1999, S. 26.

[26] Vgl. Mercer Management Consulting, Firmenprofil vom 13.8.1999.

[27] Vgl. Forum: Die Top 300; Vgl. Mummert + Partner: http://www.mummert.de

[28] Vgl. Forum – Erfolgreicher Berufsstart, Nr. 3, Konstanz, Mai 1998.

[29] Vgl. PricewaterhouseCoopers: http://www.pwcglobal.com.

[30] Vgl. Roland Berger & Partner: Broschüre: Annual Report 1997.

[31] Vgl. Roland Berger & Partner: Broschüre: Annual Report 1997 und Forum – Erfolgreicher Berufsstart. Nr. 7, Konstanz, November 1997 und Sommer, C.: „Karriere bei Roland Berger", in: manager magazin, November 1997 und WISU-Firmenguide für Bewerber, Ausgabe Winter/Frühjahr 1999, S. 4 und Frankfurter Allgemeine Zeitung vom 21.6.1999, S. 26.

[32] Vgl. Forum – Erfolgreicher Berufsstart, Nr. 3, Konstanz, Mai 1998 und Siemens Unternehmensberatung: Mehr als Karriere und Forum vom Februar 1999, S. 11.

[33] Vgl. Siemens: Internetadresse http://www.siemens.de und Managermagazin vom Oktober 1998.

[34] Vgl. The Boston Consulting Group: „Eine Vision entwickeln kann nur der, der sich hart mit der Realität auseinandersetzt", in: Forum – Erfolgreicher Berufsstart, Nr. 4, Konstanz, Juni 1998 und Benn, S.: „Kampf um den Werbemarkt".

[35] Vgl. Forum: Die Top 300 und Gabler Berufs- und Karriere-Planer 00/01: Wirtschaft, Wiesbaden 2000, S. 393 und Frankfurter Allgemeine Zeitung vom 21.6.1999, S. 26.

[36] Vgl. Varian, H. R.: Intermediate Microeconomics, 3. Auflage, München 1995.

[37] Vgl. Wöhe, G.: Einführung in die Allgemeine Betriebswirtschaftslehre, 18. Auflage, München 1993, S. 47-51.

[38] Vgl. Henderson, B. D.: Die Erfahrungskurve in der Unternehmensstrategie, 2. Auflage, Frankfurt/Main 1986.

[39] Vgl. Hammer, M./Champy, J.: Business Reengineering, 2. Auflage, Frankfurt/Main 1994.

[40] Vgl. Glaser, H./Geiger, W./Rohde, V.: PPS – Produktionsplanung und -steuerung, 2. Auflage, Wiesbaden 1992.

[41] Vgl. Meffert, H.: Marketing-Grundlagen der Absatzpolitik, 7. Auflage, Wiesbaden 1986.

[42] Vgl. Kilger, W.: Industriebetriebslehre, Wiesbaden 1986.

[43] Vgl. Murray, J. A./O`Driscoll, A.: Strategy and Process in Marketing, London u. a. 1996.

[44] Vgl. Männel, W.: Handbuch Kostenrechnung, Wiesbaden 1992.

[45] Vgl. Scheer, A. W.: Wirtschaftsinformatik – Referenzmodelle für industrielle Geschäftsprozesse, 1. Studienauflage, Berlin 1995.

[46] Vgl. Glaser, H./Geiger, W./Rohde, V.: PPS, S. 13.

[47] Vgl. Wöhe, G.: Einführung, S. 1025 ff.

[48] Vgl. ebenda, S. 1028.

[49] Vgl. Gabler: Gabler Wirtschaftslexikon, 13. Auflage, Wiesbaden 1993, S. 652 ff.

[50] Der Begriff bezeichnet eine Marktsituation, in der die Verkäufer die günstigere Ausgangsposition besitzen und den Käufern somit weitgehend die Verkaufsbedingungen diktieren können. Der Ausdruck Käufermarkt ist charakteristisch für eine Marktsituation, in der die Käufer eine bessere Verhandlungsposition als die Verkäufer einnehmen und somit in der Regel selbst die Angebotskonditionen beeinflussen können.

[51] Vgl. Porter, M. E.: Competitive Strategy. Techniques for Analyzing Industries and Competitors, New York 1980.

[52] Vgl. Murray, J. A./O`Driscoll, A.: Strategy and Process.

[53] Vgl. McCarthy, E. J.: Basic Marketing: A Managerial Approach, 9. Auflage, Richard D. Irwin, Homewood 1981.

[54] Vgl. Lauternborn, R.: New Marketing Litany: Four P´s Passe, C Words Take Over, Advertising Age, 1.10.1990, S. 26.

[55] Unter einem emotionalen Anspruch wird hier der Wunsch des Kunden/Einkäufers verstanden, nicht nur ein physisches Produkt zu erwerben, sondern ein emotionales Erlebnis vermittelt zu bekommen.

[56] Die informativen Ansprüche eines Käufers beziehen sich auf sein rationales Interesse für Produkt- und Dienstleistungsspezifikationen und Charakteristika.

[57] Vgl. Scholz, C.: Strategisches Management. Ein integrativer Ansatz, Berlin 1987.

[58] Vgl. Buzzel, R. D./Gale, B. T.: The PIMS Principles, New York 1987.

[59] Vgl. Porter, M. E.: Competitive Advantage, New York 1985.

[60] Vgl. Porter, M. E.: Competitive Strategy.

[61] Vgl. STERN/Die Sparkassen/McKinsey & Company: StartUp ´97 – Der Gründungswettbewerb, Hamburg 1997, S. 12 und Sahlman, W. A.: How to Write a Great Business Plan, Harvard Business Review, Nr. 4 Juli/August 1997.

[62] Unter Kannibalisierung versteht man, dass sich durch den Verkauf der Produkte über neue Vertriebskanäle (hier zum Beispiel Einkaufszentren) die Verkaufszahlen der anderen Kanäle (zum Beispiel Luxusketten) verringern.

[63] Vgl. STERN; die Sparkassen; McKinsey & Company: StartUp ´97 und Sahlman, W.A.: How to Write a Great Business Plan.

[64] Der Name Supertronics wurde in diesem Zusammenhang nur zufällig ausgewählt. Jegliche Ähnlichkeit mit in der Realität bestehenden Unternehmen dieses Namens waren nicht beabsichtigt.

Literatur

ACCESS: Workshop „Consulting 98", Köln 1998.

Andersen Consulting: Broschüre: Jump out of the Box; Recruiting-Broschüre.

Arthur D. Little: Broschüre: Identity; Finding the Right Path.

A. T. Kearney: Broschüren: 1. A History Of Progress, Stand 1995; 2. Our Strategy, Our Services, Stand 1994; 3. The People of A. T. Kearney, Stand 1994.

Bain & Company, Inc.: Broschüren: 1. International Expansion; Harvard Business School Case, 1994; 2. People Distinguish the Way we Work.

Benn, S.: „Kampf um den Werbemarkt", in: Wirtschaftswoche, Ausgabe Nr. 29, Juli 1998.

Booz Allen & Hamilton: Broschüre: Global Opportunities. Worldwide Commercial Practice, Stand 1994.

Buzzel, R. D./Gale, B. T.: The PIMS Principles, New York 1987.

CSC Ploenzke AG: Broschüren: 1. Company Profile. A Publication from INPUT Germany, Stand November 1996; 2. Jahresbericht/Annual Report 1997/98; 3. Porträt; Eine kurze Beschreibung des Beraters und Dienstleisters CSC Ploenzke AG, Stand 3/97.

Forum: Die Top 300, 4. Auflage, St. Gallen 1996.

Forum – Erfolgreicher Berufsstart, Nr. 3, Konstanz, Mai 1998.

Forum – Erfolgreicher Berufsstart, Absolventen-Barometer, Nr. 4, Konstanz, Juni 1998.

Gabler Berufs- und Karriere-Planer 00/01: Wirtschaft, Wiesbaden 2000.

Gemini Consulting: Broschüren: 1. Transformation, the International Publication of Gemini, Ausgabe Nr. 12, Sommer 1997; 2. Gemini: „Worauf es ankommt...".

Glaser, H./Geiger, W./Rohde, V.: PPS – Produktionsplanung und -steuerung, 2. Auflage, Wiesbaden 1992.

Hammer, M./Champy, J.: Business Reengineering, 2. Auflage, Frankfurt/Main 1994.

Henderson, B. D.: Die Erfahrungskurve in der Unternehmensstrategie, 2. Auflage, Frankfurt/Main 1986.

Kilger, W.: Industriebetriebslehre, Wiesbaden 1986.

Lauternborn, R.: „New Marketing Litany: Four P´s Passe, C Words Take Over", in: Advertising Age, 1.10.1990.

Management Consultant International: 1997 World Wide Survey.

Männel, W.: Handbuch Kostenrechnung, Wiesbaden 1992.

McCarthy, E. J.: Basic Marketing: A Managerial Approach, 9. Auflage, Richard D. Irwin, Homewood 1981.

McKinsey & Company: Broschüren: 1. Unternehmen Neu Denken; 2. A Perspective for Candidates, Stand Mai 1997; 3. Careers in Management Consulting.

Meffert, H.: Marketing-Grundlagen der Absatzpolitik, 7. Auflage, Wiesbaden 1986.

Mercer Management Consulting: Broschüre: 1. Opportunities in Europe; 2. Informationen zum Praktikum.

Murray, J. A./O´ Driscoll, A.: Strategy and Process in Marketing, o. O. 1996.

Porter, M. E.: Competitive Advantage, New York 1985.

Porter, M. E.: Competitive Strategy; Techniques for Analyzing Industries and Competitors, New York 1980.

3. Praxis-Forum: Spektrum der Unternehmensberatung, 26.–29. April 1998.

Roland Berger & Partner: Broschüren: 1. Annual Report 1997; 2. Jahresbericht 1996; 3. Communication – The Path to Success.

Sahlman, W. A.: „How to Write a Great Business Plan", in: Harvard Business Review, Nr. 4 Juli/August, 1997.

Scheer, A. W.: Wirtschaftsinformatik – Referenzmodelle für industrielle Geschäftsprozesse, Berlin 1995.

Schirmer Verlag: Karriereführer Special: Informationstechnologie, Ausgabe Nr. 1 1998.

Scholz, C.: Strategisches Management – Ein Integrativer Ansatz, Berlin 1987.

Schwertfeger, B.: „Alle auf einmal", in: Wirtschaftswoche, Nr. 29, 9.7.1998.

Sommer, C.: „Karriere bei Roland Berger", in: manager magazin, Ausgabe November 97, S. 284 ff.

Staufenbiel (Hrsg.): Individuell bewerben – Karrierestart für den Führungsnachwuchs, Staufenbiel Institut für Berufs- und Arbeitsplanung, 2. Auflage, Köln 1995.

Stern/Die Sparkassen/McKinsey & Company: Start Up ´97 – Der Gründungswettbewerb, Hamburg 1997.

Unternehmensberater: Honorare und Honorarstrukturen im deutschen Beratungsmarkt, Ausgabe 1/98, Tabelle S. 8 f.

Varian, H. R.: Intermediate Microeconomics, 3. Auflage, München 1995.

Wöhe, G.: Einführung in die Allgemeine Betriebswirtschaftslehre, 18. Auflage, München 1993.

Die Autoren

Martin Hartenstein, Fabian Billing, Christian Schawel und Michael Grein sammelten bereits während ihres Studiums der Betriebswirtschaftslehre in Saarbrücken, Dublin (Irland) und Michigan (USA) eingehende Praxiserfahrung, sowohl in namhaften Konzernen, als auch bei renommierten Unternehmensberatungen im nahen und fernen Ausland. Sie gründeten die erste studentische Unternehmensberatung des Saarlandes und berieten hochkarätige große und mittelständische Unternehmen in sämtlichen Fragen der klassischen Top-Management-Beratung.

Personalarbeit der Zukunft

Die Mitarbeiter für die Kunden begeistern

Wie gelingt es Führungskräften, ihre Mitarbeiter für die Kunden zu begeistern? Die Autoren stellen einen neuen Ansatz zur systematischen Steigerung der Kundenorientierung vor. Ein sehr gut strukturiertes, fundiertes, praxiserprobtes Buch mit vielen Fallbeispielen, Checklisten und konkreten Handlungsempfehlungen.

Christian Homburg, Ruth Stock
Der kundenorientierte Mitarbeiter
Bewerten, begeistern, bewegen
2000. 230 S. Geb. DM 78,00
ISBN 3-409-11646-X

Dauerhafte Konfliktlösung durch Mediation

Der Autor plädiert für eine kreative Konflikt-Vermittlung. Mediatives (Zeit-)Management trägt zur besseren Motivation der Mitarbeiter und zum Unternehmenserfolg bei. Zahlreiche Beispiele und Lösungsvorschläge runden das Buch ab.

Bernd M. Wittschier
Konfliktzünder Zeit
Wirtschaftsmediation in der Praxis
2000. 233 S. Geb. DM 68,00
ISBN 3-409-11597-8

Die Weisheiten der Wüstenväter

Was haben die Wüstenväter, die im 3. bis 5. Jahrhundert lebten, Managern heute zu sagen? Die Klugheit und Lebenserfahrung der ersten christlichen Mönche, die in der Extremsituation der Wüste und Einsamkeit sich selbst und andere geleitet haben, bieten Führungskräften wertvolle Orientierung. Das Buch ermuntert zur Selbstreflexion und weist den Weg zu innerem Wachstum.

Udo Manshausen
Wüstenväter für Manager
Weisheiten christlicher Eremiten für die heutige Führungspraxis
2000. 189 S. Geb. DM 68,00
ISBN 3-409-11647-8

Änderungen vorbehalten. Stand: Oktober 2000.

Gabler Verlag · Abraham-Lincoln-Str. 46 · 65189 Wiesbaden · www.gabler.de   **GABLER**

Gigabytes
für Ihren Erfolg

Erfolgreiche Vertriebskonzepte im E-Commerce

Mehr noch als der Einkauf per Internet sind gerade die vertriebsorientierten E-Commerce-Konzepte revolutionär. Dieses Strategie-Buch zeigt, wie Unternehmen E-Sales-Konzepte schnell und zielorientiert umsetzen und dadurch große Markt- und Effizienzpotenziale erschließen können.

Dirk Schneider,
Gerd Schnetkamp
E-Markets
B2B-Strategien im Electronic Commerce: Marktplätze – Fachportale – Plattformen
2000. 265 S. Geb. DM 78,00
ISBN 3-409-11680-X

Wettbewerbsfähig durch digitales Wertnetzwerk

Dieses klar strukturierte Buch macht das Top-Management mit den strategischen Möglichkeiten vertraut, die das Internet für die Industrie, ihre Produkte, ihre Märkte und ihre Organisation bereithält. IT-Strategien zum E-Commerce müssen so ausgerichtet sein, dass sie mit dem Ziel der Schaffung eines digitalen Wertnetzwerks vollkommen neu organisiert werden.

Douglas F. Aldrich,
Martin Sonnenschein
Digital Value Network
Erfolgsstrategien für die Neue Ökonomie
2000. 145 S. Geb. DM 58,00
ISBN 3-409-11671-0

Unternehmensstrategien für die digitale Welt

„E-Engineering" untersucht die Spielregeln der digitalen Märkte und bietet schnell umsetzbare Lösungen, um Unternehmen in dieser Richtung fit zu machen. Dies betrifft vor allem den Kontakt zum Kunden, die interne Kommunikation und Organisation sowie die Zusammenarbeit mit anderen Unternehmen.

Stephan Magnus
E-Engineering
Die neuen digitalen Strategien der Unternehmen
2000. 217 S. Geb. DM 68,00
ISBN 3-409-11681-8

Änderungen vorbehalten. Stand: Oktober 2000.

Gabler Verlag · Abraham-Lincoln-Str. 46 · 65189 Wiesbaden · www.gabler.de   **GABLER**